珍藏本

纪念版

汉译世界学术名著丛书

新史学

〔美〕詹姆斯·哈威·鲁滨孙 著

齐思和 等译

2017年·北京

James Harvey Robinson

THE NEW HISTORY

Essays Illustrating the

Modern Historical Outlook

The Macmillan Company

New York,1922

本书译者:第一章的第一部分、第五章、第六章、第八章为齐思和,第一章的第二部分、第二章、第三章、第四章、第七章为周颖如,附录部分为陈芳芝。

汉译世界学术名著丛书
（120年纪念版·珍藏本）
出版说明

2017年2月11日，商务印书馆迎来120岁的生日。120年前，商务印书馆前贤怀揣文化救国的理想，抱持“昌明教育，开启民智”的使命，立足本土，放眼寰宇，以出版为津梁，沟通中西，为中国、为世界提供最富智慧的思想文化成果。无论世事白云苍狗，潮流左右激荡，甚至战火硝烟弥漫，始终践行学术报国之志，无改初心。

迻译世界各国学术名著，即其一端。早在20世纪初年便出版《原富》《天演论》等影响至今的代表性著作，1950年代后更致力于外国哲学和社会科学经典的译介，及至1980年代，辑为“汉译世界学术名著丛书”，汇涓为流，蔚为大观。丛书自1981年开始出版，历时三十余年，迄今已推出七百种，是我国现代出版史上规模最大、最为重要的学术翻译工程。

丛书所选之书，立场观点不囿于一派，学科领域不限于一门，皆为文明开启以来，各时代、各国家、各民族的思想与文化精粹，代表着人类已经到达过的精神境界。丛书系统译介世界学术经典，引领时代思想,为本土原创学术的发展提供丰富的文化滋养,为推动中国现代学术和现代化进程做出了突出的贡献。

为纪念商务印书馆成立120周年,我们整体推出"汉译世界学术名著丛书"120年纪念版的珍藏本,寄望既利于文化积累,又便于研读查考,同时向长期支持丛书出版的译者、编者和读者致以敬意。

两甲子后的今天,商务印书馆又站在了一个新的历史时间节点上。我们不仅要铭记先辈的身影和足迹,更须让我们的步伐充满新的时代精神。这是商务人代代相传的事业,更是与国家和民族的命运始终紧密相连的事业。我们责无旁贷,必须做好我们这代人的传承与创造,让我们的努力和成果不仅凝聚成民族文化的记忆,还能成为后来人可以接续的事业。唯此,才能不负前贤,无愧来者。

商务印书馆编辑部

2017年10月

出版说明

“新史学派”是当代美国资产阶级史学流派之一。鲁滨孙的《新史学》一书则是阐述这个学派史学主张的基本著作。

詹姆斯·哈威·鲁滨孙(1863—1936)是美国“新史学派”的倡导人。他1863年生于美国伊利诺伊州的布鲁明顿市。父亲是当地银行的创办人,家境富裕。他1884年入哈佛大学,1888年获文学硕士,同年进德国弗赖堡大学,在德国教授的研究班中,接受研究方法的训练。他的研究范围是欧洲中古和近代初期史。回国后,1891—1895年间他在美国宾夕法尼亚大学执教。1895年被聘任为美国纽约哥伦比亚大学欧洲史教授。到1919年为止,他一直在哥伦比亚大学工作了二十五年。

他的主要著作《西欧史》(1903年初版)、《近代欧洲的发展》(与比尔德合编,1907年初版)、《欧洲通史》(与布累斯提德合编,上下两册,1916年初版)和《欧洲近代史资料集》(两册,1908年初版)都是在哥伦比亚大学执教时编写的,他的新史学派也是在这个时期建立起来的。第一次世界大战之后,他因和哥伦比亚大学校长意见不合,又因继承了大笔遗产,便退出该大学,与比尔德一起在纽约创办“社会研究新学院”,自任管理委员会主席。后因该校发起人之间意见分歧,遂辞职。1929年他当选为美国历史学协会

主席，1936 年去世。

他的代表作《新史学》，出版于 1911 年。书中汇编了他历年发表的论文和演说，集中反映了他的史学观点。鲁滨孙对历史学的基本主张有以下几点：一、把历史的范围扩大到包括人类既往的全部活动。二、用综合的观点来解释和分析历史事实。三、用进化的眼光考察历史变化，把人类历史看成为一个“继续不断的”成长过程。四、研究历史的功用在于帮助人们了解现状和推测未来。五、利用历史知识来为社会造福。鲁滨孙的这些观点，风行一时，对美国史学界的影响很大。

新史学派之所以在美国能发生巨大影响，主要原因在于：一、他长期在美国学生最多的大学担任欧洲史的主讲教师，培养出上万的学生，在美国各地大学、中学教授历史，他的同事和学生，如比尔德、绍特威尔、海士、史来生格尔、蒙恩、巴恩斯、桑戴克、福克斯、沙皮罗等后来都成了美国史学界的名人。学生替老师鼓吹，扩大了他的影响。二、他写的许多历史教本，风行美国，有的多次重版，印数多达八十余万册。这些教本大都经过多次增订再版，广泛发行，使教师和学生都熟悉他的名字。三、鲁滨孙提倡的历史学说是为现实政治服务的，这使他的著作受到资产阶级的赏识，被广泛采用，历久不衰。这样就使新史学成为美国一个有势力的史学流派。

此书我馆解放前曾出版过何炳松先生的译本。1963 年经齐思和教授据原书 1922 年版本重译。附录的巴恩斯的《论新史学》是陈芳芝同志译的。这次再版是用 1963 年版纸型重印的。

1988 年 12 月

目　　录

第一章 新史学

一

从广义来说，一切关于人类在世界上出现以来所做的或所想的事业与痕迹，都包括在历史范围之内。大到可以描述各民族的兴亡，小到描写一个最平凡的人物的习惯和感情。比如瑟利地方的石斧和今天早晨的报纸，都是史料来源。历史是研究人类过去事业的一门极其广泛的学问。无论解释亚述泥板书上的契约，估计金刚石项圈的价值[①]，或叙述查理五世[②]的御膳，都在历史范围以内。当以利[③]的儿媳知道了她所统治的以便以谢人民的困苦，

① 法国国王路易十六(1754—1793 年)在位时代，巴黎珠宝商某有金刚石项圈一，以金刚石五百颗缀成，价值八万金镑。一个名叫莫特的妇女，假装替他介绍给王后玛丽·安托瓦内特，实际上她偷着携往英京伦敦，拆开出售。以后珠宝商向王后索价，王后矢口否认，始知被骗。此后迁延了九个月，莫特夫妇均受重刑，王后的声誉也因之大减。——译者

② 神圣罗马帝国皇帝，在位年代(1519—1556 年)。——译者

③ 古代以色列的法官和祭司，见《旧约》。——译者

因而产生一种悲伤的感想，这是历史。英国大宪章[①]的条文，圣餐变体学说[②]的来历，圣地亚哥城[③]的失陷，黑衣僧同白衣僧的区别[④]，以及今年 2 月 1 日纽约《世界报》的销售数目，也是历史。每件事情都有它的关系和重要性，都被明白地记载下来。

当一个著作家着手翻阅那些书厚字密的过去记载，预备写出一份纲要，为那些无暇阅读原始资料的人们阅读，那时候他立刻要问他自己，究竟应该选择哪一种材料去引起读者注意。他一定觉得过去人们所遗留下来的史料，是非常杂乱的。因为这是那些时代不同和思想不同的人们，如希罗多德[⑤]、马基雅维里[⑥]、尤西比乌斯[⑦]、圣西蒙[⑧]、弗赖辛的奥托[⑨]、佩皮斯[⑩]、圣路加[⑪]、阿布朗泰斯公

① 1215 年英王约翰被贵族所迫而签署的文件，为英国宪法史中的重要文件。——译者

② 基督教之圣餐变体学说，由来甚古。1545—1563 年在特伦特宗教大会上始有明文规定，其意义如下：凡行圣餐礼时所用之面包与葡萄酒，一经教士奉献，即变为耶稣的肉和血。把它饮食之后，可以入圣。——译者

③ 古巴的重要城市，1898 年美国与西班牙战争时，被美国占领。——译者

④ 13 世纪的托钵僧，多米尼克派称黑衣僧，卡梅立特派称白衣僧。两派服装颜色不同。——译者

⑤ 公元前 5 世纪时期希腊历史家，西方称他为“史学之父”。——译者

⑥ 意大利佛罗伦萨著名政治家兼历史家（1469—1530 年）。著有《君主论》、《佛罗伦萨史》等书。——译者

⑦ 有名之基督教著作家，约 264 年生于犹太，340 年卒。著有《世界史》，叙至纪元后 328 年止。——译者

⑧ 法国路易十四时代之廷臣兼外交家（1676—1755 年）。著有记载当时事迹的笔记。——译者

⑨ 弗赖辛主教，是 12 世纪的著名历史家。著有《世界史》。——译者

⑩ 英国人（1633—1703 年）。著有自 1660—1669 年间的日记。——译者

⑪ 古代基督教创立人之一，希腊人，于公元后一世的中叶，著《路加福音》是《新约》中的一部分。——译者

爵夫人[①]、撒路斯特[②]、科顿·玛瑟[③]等人所写出来的。有的非常谨严，有的好像漫谈。有的对于一个放纵的宫廷官吏详详细细说了一大章，而对于民族的灭亡反而置之不理。照此看来，要写一部历史以供普通人阅读，如何选择材料和支配材料，实在是一个很重要的问题。但是我们看看所有的普通历史著作，对于反复研究如何选择材料的必要性，似乎没有予以足够的注意。他们显然是被传统束缚住了。他们似乎不知道有大量可备采择的材料。因而对于选择材料，不知不觉地向那条老路上走去。假使我们想到人类兴趣范围的广大，我们的普通历史著作对于过去事迹的叙述，实在太不完备，而且把读者引入了歧途。我们便感觉好像史学家合在一种阴谋里面，故意地把史学的范围和目的，弄得非常狭隘，非常肤浅。这种情形非常明显，试取任何一种普通人所读的旧式历史著作来审察一下，就知道了。

下面的一段文章，是从最近各专门学校通用的一本历史纲要中摘录出来的：

“继查理二世为那不勒斯国王者为安茹家族的智者罗伯特(1309—1343年)。他属于归尔甫党，因而不得逞志于西西里。当时西西里王为阿拉贡的彼得的儿子腓特烈二世(1296—1337年)。罗伯特的孙女乔瓦娜一世度过了艰苦和罪恶的一生，终于被意大

① 法国名将阿布朗泰斯公爵乔诺之妻(1784—1838年)。著有自1831—1835年间的笔记。——译者

② 古罗马历史家(公元前86—前35年)。著有《卡提里那阴谋》、《优古尔塔战记》等书。——译者

③ 美国教士(1663—1728年)。深信巫术，主张杀害被指控行巫的老妇，造成新英伦大残杀案。——译者

利安茹王室的最后男嗣查理·都拉斯(1414—1435 年)绞死在狱中,而杜拉佐遂取得政权。都拉斯的后人乔瓦娜二世先把阿拉贡家族的阿方索五世作为继子,后来又把路易三世作为嗣子,最后又把路易三世的弟弟勒内作为嗣子。阿方索继承西西里王位后,于 1453 年,战胜勒内和米兰的君主,遂统一两国。”

上面这段文章,并不是仅是作为一种参考材料,以备偶然检阅之用,而不希望我们作一部“对数表”去读的。这段文章是从一个著名作家专述但丁[1]、培彼拉克[2]和高贵的洛伦佐[3]时代的意大利史中六页书里面抄出来的。据作者自叙,他这本书的目的,是提供给高级学员和普通读者的一种指导。他自己写道:“本书企图将重要史事写得有条有理,并且说明一个时代和其他时代或某一件事和其他事之间相互的关系。并且由于从历史的连贯性和那些简单的事例所激起的兴趣,可能免除使读者感到枯燥无味的毛病。”

在这部研究意大利文艺复兴的著作中,著书的人仅仅提了“弗朗西斯科·彼特拉克”的名字,却把十二分之一的篇幅用来写南部意大利继续不断的朝代纷事。照这样看起来,我们可以假定这就是他所说的“将重要史事写得有条有理”的观念。但是,就上面摘出的那段看来,实在很难做到他所说的免除“枯燥无味的毛病”。

我翻开最近出版的一本书,叙述 18 世纪法兰西大革命前夕的

---

① 意大利著名诗人(1265—1321 年)。著有《神曲》。为文艺复兴先驱人物。——译者

② 意大利诗人(1304—1374 年)。为文艺复兴时代著名诗人与古代典籍的研究者。——译者

③ 佛罗伦萨的统治者(1448—1492 年)。奖励学术,提倡文化。——译者

欧洲。著书的人应该知道用批评的方法去选择材料和分配材料的必要性，把启蒙时期的新精神和时代背景明白地叙述下来以便读者易于理解。但是他首先插入下面几句话："青岑多夫死于 1742 年；施塔伦贝格死于 1745 年；金斯基死于 1745 年。乌尔菲德继青岑多夫而为有名无实的内阁首相。巴滕斯泰因自 1740 年至 1753 年任外交大臣，他在秘密国务会议席上极占势力。"这些事实一点也不错。但是在这个不易明白的世纪中难道没有比奥地利内阁大臣的生死年代更有价值的事情可以叙说么？

有一个研究法兰西革命的历史专家，他在书中并没有向我们交代革命因何发生，偏喜欢把下面的一类事情津津乐道地写了好几段。

"欧尼斯封邑自称并不属于圣东日，而尼韦奈皇室领邑力争其领土应包有公国采邑；因此上奥弗涅与下奥弗涅之争端又起。里永与克勒蒙费朗两城，因争为下奥弗涅之首都，也起争端。克莱蒙·昂纳尔戈讷及瓦雷讷也然。迪米来斯堡扬言非沙特尔之属土，乃皇家属邑"。

历史学家专门罗列人名和地名的趋向实在太普通。其实这种名字与读者毫无关系，为篇幅的经济起见，简直可以把他们当作未解决的方程式里的"未知数"来看。既然普通都是这样，不由得我们要问，为什么一般历史学家定要把那种毫无关系的琐碎事件写在里面？有时只是由于他们没有深加考虑。有时作者认为人名和地名是重要的，有了这些就可以说明一切了。或者他们以为写名词可以增加文章的气势；或者是想用人名和地名做中心，为将来知识附丽的根据。其实名字只用一回，很难增加历史的趣味，恐怕反要使它模糊。我认为，只提都拉斯、克勒蒙费朗、金斯基、勒内等名字，不见得会引起人们要进一步研究的兴趣，恐怕反要增加混乱。

但是，常常有人说：就是极草率、极枯燥的重大事件，在世界史里面，也可以算是好东西——因为我们至少可以有一个编年的大纲，作为我们的指导，为我们将来的历史知识提供一个轮廓。我们知道了重要的年代，将来便能够了解事实。这些事实，我们在学校中只见到一些名称。我们准备把我们在文学史上的、哲学史上的、制度上的和美术上的知识，安排在一个“历史背景”之中。但是，现在我们有许多人怀疑这编年大纲，觉得它并没有多大的价值。不过大家喜欢使用这种东西也非偶然，因为它不需要思想，只要求记忆。这是一种最容易教授的东西。我有一回遇到一位博学的教授，他在东方住过几年。我问他伊斯兰教教祖出亡的日期[①]，这个日期和马拉松之战[②]、克雷西之战[③]的日期一样，一般人认为凡属读书的人都应该知道的。不料他和我一样的不记得，所以我们就去查词典。倘使我们破口说出，实在可以省掉一两分钟，但是我们从来没有因此而觉得缺乏什么。

一个聪明的木匠总不常随身带着斧锯；修水管的人也不常背着铅管，以备“不时之需”，到了要用的时候，他尽可回店去取他的器械和材料。在现在，参考书价贱而且易买的时代，当然无须多记

① 公元622年，伊斯兰教祖穆罕默德由麦加逃到麦地那，史称此次逃亡为希志来，为回历纪元。——译者

② 公元前490年，希腊人大败波斯人于此。——译者

③ 1346年，英法百年战争中，英王爱德华三世大败法国精锐军队于此。——译者

些历史事实作为进行研究的预备。当然所有一切学问，包括被忘掉的在内，可以培养产生准确的习惯和权衡轻重的观念；但是必须和数学教科书一样，先有知识，后有公式；而在普通史学讲授里面，我们却往往先给人公式。

所以急于要教读者注意阿拉贡王彼得的儿子和青岑多夫以及那个具有历史意义的地方迪米莱斯堡的根本理由，就是自古相传、如今还存在的那种偏重政治事件和人物的习惯。卡莱尔[①]曾经提出警告：离开议会、战场和王宫远远的地方，“那种强有力的思想和行为的巨流，仍是滚滚向前奔流”。但是这句名言因为历史学家听不进去，很久以来，就有人想出许多理由来辩护这种对政治和军事史的偏向。弗里曼[②]简直说：“历史是过去的政治。”兰克[③]认为历史学的目的，在于使我们对于国家的起源和性质具有明确的观念。因为国家是人类社会发展的基础。另外有一个德国学者说：数千年来，国家这种东西——政治的组织，为历史研究的中心问题，他还说这是永远应该如此的。

我们不能在此处讨论国家在历史上的地位这个复杂问题，而且也没有讨论的必要；因为没有人认为国家不重要，也没有人主张历史书中可以不讲到国家。我们此处应该研究的问题，就是我们对政治史的偏心引导着我们专去叙述那些无关紧要的朝代史和军

① 英国著作家（1795—1881年）。著有《法兰西革命》、《英雄与英雄崇拜》、《奥立佛·克伦威尔的信札及讲演集》、《普鲁士王腓特烈二世传》等书。——译者

② 英国历史家（1823—1892年）。著有《诺曼人征服英国史》。——译者

③ 19世纪德国著名历史家（1795—1886年）。著有《教皇史》、《宗教改革时代德国史》等书。——译者

事史中的琐碎事实。它们所占的宝贵地位，是不是应该拿来叙述那些向来被人轻视的重大问题？什么一个路易或者一个腓特烈[①]得失了一块土地；什么惨淡经营集合了的一个小公国，在恺撒·博尔吉亚[②]战败后就加快瓦解；什么两个王族间的战争，少年国王的王叔们的野心；一千年前敌人左右翼的回转。这些事情，难道是应该大书特书、占着不应得的重要地位么？人类的活动不仅是当兵、做臣民或做君主；国家也绝不是人类唯一关心的事情。在中世纪时期，人类组织了一个教会，无论从哪一方面观察，它比起政治机关更加具有永久性，拥有更大的势力，就是罗马帝国也远不及它。自古至今，人类的活动包括海上探险、开拓商业、建筑城市、设立大学、建筑宏伟的大礼拜堂、著书、绘画，并且还发明了许多东西。我们在历史里面应该包括这些人类活动，大家渐渐承认了；但是直到现今政治史仍然保持着它的至高无上的地位，一般人仍然把过去的政治事件，看作是历史的主要内容。

还有一种趋向，好像和上文所说偏重政治事件和伟大人物的习惯相矛盾的，那就是普通历史书里面往往好写耸人听闻的事实。有种历史书并不记载人类过去的正常状态和重要事业，而是像刺激性的戏剧一样，故意选择那些情节离奇的事情。一位现代著作家曾对我们说：法国史总能常常激起我们的注意，因为“近世没有一个国家比法国经过更多的、更激烈的、更突然的、流血更多的、更加富于戏剧性的大变革”，“没有一个地方比法国出现过更伟大的、

---

① 法国国王常用路易为名；德国国王常用腓特烈为名，两国常彼此交战。——译者

② 教皇亚历山大六世的第四子，于1507年卒。——译者

更勇敢的、更坏的人物。没有哪一个民族比法国人得过更大的胜利、受过更大的失败”。简言之，就是“法国提供了一篇近代史中的叙事诗”。这位先生是要我们相信愈讲得离奇愈是好的历史。有位著名的化学家曾很平心地对我说：历史的正确性同我们的历史知识适成反比例。我以为还可以加上一句，就是历史有时好像警察公报一样，它的趣味和它的案情离奇适成正比例。

假如没有纯粹的小说可以满足好奇的欲望，或者把历史看作戏剧的人不给我们一种极不全面而且错误的观念，那么主张以叙述英雄人物、浪漫事迹为史学的正轨，我们也许可以不必加以反对。但是除了历史以外，没有另外一种学问是以奇闻怪事为研究的对象的。教化学的教师绝不是只限于奇怪的实验，一定要精心地选择那些最典型的、最富于教育意义的东西。钾素和液体空气这类东西在实验上当然没有水、石灰、硫酸等那样普通。假使有位医学教师，因为恐怕学生厌听疹子、肠热等这类病症，就专门去讲演麻风和腺鼠疫，你对他的意见怎么样？除了历史学家以外，各种科学家都是尽心竭力地弄清楚那些重要而普通的事情。所有一切力量都用在这一点上面。他们的目的是研究公例，而不是研究例外。

假使记载现在的状况，只叙述一些骇人听闻的事情，我们都知道这是不对的。浪漫的婚姻与惨死，对人下毒药的事实，犯私通罪行者与疯人，以及吞下了针过了几年忽然无意之中出来，或者误饮鸦片酊当作止痛药水，或者被啤酒大车压坏了等案情，即使一丝不漏地记载下来也不过是现代城市生活中的一部分。但是上面提过的那本法国史对封建制度的叙述，只是述说了一些牢狱——“呵！

如何潮湿、黑暗、凄凉呀！”——和脚镣手铐。它似乎要我们可以推想出，中古时代的教会，不过是一些恶人的诡计，来满足他们自己的贪婪和淫欲，里面充满了“欺骗、诈伪和假造的神迹”。说些真人真事并不等于讲真实。我们可以像“黄色报刊”新闻记者那样在叙述事实时，一味要耸动读者的听闻，而不管事实的背景，读这种历史反不如去读未加修饰的小说好。又有一个著作家，不说明教堂的内部如何宏伟，而只说：“圣油是丰富的，真正的十字架[①]残余的部分是很多的，圣安尼的木梳和圣玛利的裙子这类东西，虔诚的人们皆能看到。”虽然事实不误，但实在是并未给读者一个正确的印象。

我们不能因为普通历史学家偏重某类历史事实，就可以证明我们不必使读者去注意其他有关的事情。他们叙述一件事实，或者因为它有趣，或者因为它离奇，或者认为一个受教育的人应该知道。1180 年腓力·奥古斯都[②]即位，1690 年有博因河[③]战役。但是历史学家如果抱着这种目的去选择材料，结果他的书一定包括一些著名的轶闻和动人的趣事，另外掺杂着一些枯燥无味、传统相袭的历史事实。

普通历史学家又以为人类社会经常是处在混乱的状况之中。历史学家故意抹杀人类和平时代的重要性，但是人类大部分的进展是发生于和平时期。他们叙述了这一次骚乱，就跳过去叙述那一次骚乱。譬如讲到法国大革命这件事实时，他们没有工夫去说明旧制度，而其实只有研究旧制度，才可能了解革命。他们都随便

① 相传当年耶稣基督被钉死于此十字架上。——译者

② 法国国王(1165—1223 年)。——译者

③ 爱尔兰河名。英王威廉三世曾击败拥护詹姆士二世的军队于此。——译者

引了拉布律耶尔[1]所说的"那些太阳晒黑的野兽"和重复了"吾死后哪管洪水滔天"[2]这句话，马上就去叙述那个恐怖时代[3]，好像这就是法国革命的全部。他们把这个法国和全欧规模最大、最和平的变革看作了第二个圣巴梭罗缪节[4]，其实一个革命的真正意义在于它能不能改变一般的状况，能不能使新的事物去代替旧的事物。因此必须把旧的事物和新的事物都要研究清楚，而对于旧的事物尤其要特别注意，因为我们的同情往往偏于新的方面，而且我们对于近时的知识总比古时丰富，所以我们必须用心去研究何以当时的法国施行非法逮捕，又有行会、卖官鬻爵等旧制，而且竟有许多有思想的和怀着好心肠的人们为这些制度去进行辩护。这要比空费时间任意去谩骂这种制度，好得多了。

我知道，关于这一点一定有人要反对说，制度和历史的逐渐发展，虽然应当是研究历史的正当目的，但是唯有大学生或具有耐心的普通读者才有研究它们的能力，至于普通的人就不行了。普通人认为，唯有奇特的事件和动人的危机，才能引起人们的自然兴趣。他们又认为，历史上个人的影响必须故意夸大一些，因为一般的发展和进步的趋势过于抽象，不是普通读者所易领会的。因此我们用人为的连续性来代替历史的继续性，把事实系在君主的系

① 法国著作家(1645—1696 年)。——译者

② 相传为法国革命前夕，法王路易十五及其佞臣之言，述法国革命史者，多引用之。——译者

③ 在法国革命中，自 1793 年 9 月至 1794 年 7 月，革命政府对反革命分子实行严厉镇压，故名。——译者

④ 法国宗教战争中，1572 年圣·巴梭罗缪节日(8 月 24 日)，巴黎旧教党残杀新教徒，全国各地旧教党亦多响应，被残杀达万人。——译者

谱上，如马格努斯六世(1263—1281 年)[①]之后，就是埃里克二世(1281—1299 年)，接下去就是哈康五世(1299—1320 年)，再下去就是马格努斯七世(1320—1365 年)。但是即使是最著名的朝代名字，始终只是一些名字而已。即使我们不知道皇帝鲁道夫二世[②]是个博学之士，是一个星象学家；和他同时的法王亨利四世[③]是一个贪好酒色的懦夫。这种知识也断不能帮助我们去领会历史所能教导我们最重要和最有价值的真理。这个真理就是历史的连续性。

倘使我们想出一种方法，能够把社会的状况和制度写得津津有味而且易于了解，并用真正的联系来替代君主世系的联系，如果我们能写出这样的历史，那么那些反对从根本上改变现在流行作史方法的人们，也许就会取消他们的反对态度。现在我深信："制度"(它不过是一种民族习惯)能够使人发生兴趣。我所说的"制度"，是就极广义而说的，它包括过去人类的思想和活动的方法，以及政治以外的各种成就和风尚。历史上的事实，无非就是这些制度的表现。假使我们将历史事实选择适当，就可以使"制度"明白异常。

以前的著述家还有一种习惯，这就是为事实而去记载事实；我们仔细考虑一下，就知道应该删除例外的和偶然的变故，而详述那种可以阐明历史真理的事情。有一种极简单的原理可以决定哪种事实是有关系的、有用的、应该记载的，哪种是没有关系、应该删除的。我们首先应该考虑：这件事实是否能够帮助读者领会人类进化的某个时代的意义或某种制度的意义么？假使能够的话，我们

① 挪威国王名。——译者

② 德意志皇帝(在位年代 1575—1612 年)。——译者

③ 法王亨利四世(在位年代 1574—1589 年)。——译者

就应该把这种事实作为一个达到目的的工具，愈详尽愈好。它的本身具有的趣味一定可以便利我们的工作，而不会妨碍我们的工作。假使那件事情是一件偶然的、孤立的和异常的事情，如黎恩济的故事①、九月屠杀②或马拉被刺③等等，我们就应该考虑一下，是否要包括在一部简明历史纲要之中，因为无论这些事迹的本身怎么样有趣或可怕，他们会把读者引入歧途，把他们的注意力吸引到对于人类一般的利害、成见、同永久的事业以外去了。

假如我们上面所述的对于目前史学界的通病，没有不公平的地方，我们将它的特点综合为以下几点：

（1）随便罗列人名、地名，对读者毫无意义，它不但不能激起读者的思想和兴趣，反而使他没有精神。

（2）不讲别的重要事情，专偏重政治事实的记载。

（3）好叙述非常特殊的事件，不是因为这些故事可以说明一般事物的进展或某时代的情况，而只是因为它们在编年史中很突出。这种做法的结果是失去了历史的眼光，把一个疯狂的新闻记者像马拉这种人，说得比最有影响的著作家伊拉斯谟④还要重要。

---

① 黎恩济（约1313—1354年），罗马政治家。于1347年推翻罗马城中贵族统治，任罗马保民官，后被反对派所杀。——译者

② 1792年9月，法国革命人民武装把被监禁在巴黎各修道院的反革命分子处死一批，因而巩固了巴黎的后方。——译者

③ 法国革命中雅各宾派领袖之一。于1793年被刺。——译者

④ 荷兰学者，著名人文主义者（1467—1536年）。著《愚人颂》等书，讽刺当时社会的黑暗。

二

接下来的一章将专用来概述史学的历史沿革，并将自古以来的一些关于历史编纂的观念演变做较详细的说明。这一章还将说明这些观念时时在发生变化，已发生的变化如此之大，总有一天一个重要的崭新观念会占优势，历史无疑是

一个果园里有几棵果树结果
果子味道各异。

历史会投合我们的心意，满足我们认真的求知心或无所为的好奇心，考验我们的记忆力，并且，如博林布鲁克[①]所说的，提供“一种体面的无知”。但是有一件事是历史应该做而尚未卓有成效地做到的，那就是帮助我们了解我们自己和我们的同类以及人类面临的各种问题和前景。这是历史最重要的效用，但过去通常最受人们忽视。

不错，长期以来人们认为，可以从过去的历史中吸取某些教训，如为政治家和军人提供先例，使平民百姓获得思想品德上的引导和从天意干预的事例中得到慰藉。但是大多数现代历史学家思想上对此越来越产生怀疑，终于确信历史的这类效用纯属虚幻。本文作者切望避免有被视为鼓吹历史研究有这些所谓好处的危险。这些效用之所以有价值的根据是，想当然地认为产生先例的

① 英国政治家和著作家（1678—1751 年）。著有关于政治和文学的书信集。——译者

环境至今仍然完全一样，因而先例具有永恒的价值，然而，事实上，最少在我们这个时代，环境在迅速改变，如企图运用过去的经验来解决现在的问题是十分危险的。此外，我们对于想象中的过去相似的情况，极少据有充分可靠的资料，使我们能用以解决当前的需要。大多数关于“历史的教训”的廉价雄辩术的吸引力都属于这类想当然的类同情况，是经不起严密仔细检查的。在讲到历史使我们能够理解我们自己与人类的问题和前景时，我心中另有十分不同的想法，试图通过引起读者注意利用他自己的个人历史来说明。

为了理解在某一特定时刻我们所处的处境，我们几乎完全依靠自己对过去的一些想法和经验的回忆。举一个最近似的例子，读者为了理解他的眼睛为什么盯住这一页书上，他必须回顾自己的历史。要是他倒头熟睡后又突然醒过来，他可能会暂时失却记忆力，惊讶地凝视房间四周，搞不清楚自己所在何处。事实上，清楚地呈现在他眼前的周围一切熟悉的事物也不足以使他觉得是在家里，后来靠记忆力恢复的帮助，才使他回想起一部分过去的事，才想起是在家里。当一个人从昏厥中醒过来，或摆脱了麻药的作用，记忆力功能暂时的中止，有时令人很苦恼，简直是一种思想上的痛苦。脑子在正常状态下会从几乎是无数的记忆中自动选择的，正是会使我们现在觉得是在家里的那些过去的事情。记忆进行得如此顺畅和有效，我们并没有意识到它在为我们做什么以及我们依赖记忆到何程度。记忆力十分迅速而准确地从过去提供我们所需要的回忆，以使我们可以理解现状，却也使我们误以为现状是不说自明的，完全能够迎刃而解，过去大多已完结，与当前不相

干，除非我们不得不自觉地努力去回忆某一容易忘记的事实。

我们所说的历史与我们较直接的个人回忆，不像乍看起来那样迥然相异，其实没有多大不同；因为我们回忆中的很多有用的要素完全不是个人的经验，而是包括我们曾听说的或从书上读到过的大量的事；这些在我们的生活中起着重要的作用。要是读者读到这一页停下回顾一下，他会觉察到一长串的历史性经历引导他出现在某一个房间里，他能够阅读英语、他暂时摆脱紧迫的牵挂，并倾向于集中注意一个关于历史研究的性质和价值的讨论。如果他不是模糊地意识到这些历史经历，他就会陷于上述迷惘状态。使他从迷惑不解状态解脱出来的某些必要的回忆，是他自己过去经历的一些部分，但很多回忆属于历史的领域，即他曾经听说过或从过去的书中读到的事。

要是读者局限于当时的直接印象，或他个人的经历，这种论点就无望对读者产生丝毫影响了。的确，细想指引我们的信念不论怎样与我们个人经验有联系的只是极少的一部分，就使人感到有些震惊。我们自己的生日与阿文塔纳兹[①]的生日或英诺森三世[②]的生日都一样是十足的历史事实；但是我们不得不靠别人提供的证据来了解后二者的事。

因此，我们个人的回忆就这样不知不觉地融入通常意义的历史中。根据这一观点，我们可以把历史视为我们的记忆的一种人

① 公元前5世纪的古代波斯将军。——译者

② 罗马教皇，1198—1216年在位，他在位期间，教皇对世俗民主的权力臻于至高无上地步。——译者

为的延伸和扩大，并且可以用来消除对一切不熟悉情况的自然产生的迷惑不解。要是我们能够对整个人类的历史具有上帝般详尽无遗的知识，远比所有过去的历史著作加在一起的知识还要全面，我们即会对我们所居住的世界获得上帝般的理解，对人类现在经受的不幸以及减轻这些不幸的种种最有希望的方法具有上帝般的洞察力，这不是因为过去的历史会提供行为的先例，而是因为我们的行为的根据会是对现状的全面理解，而这种理解是建立在对过去历史全面了解的基础上的。到目前为止，我们还不能征询过去的历史，以获得解决重大的社会的、政治的、经济的、宗教的和教育的诸问题的启发，不能像我们解决自己所面对的个人问题一样，例如我们要不要拜访某人，或做某项投资，或读某一本书，不自觉地根据回忆来对现状做出判断。对于我们现代的改善人类状况的伟大任务，历史学家尚不能竭力设法将历史背景提供给我们。迄今为止，他们对他们的职责另有看法，要是一个熟悉当今各种问题的人十分自然地向他们提出种种问题，要他们答复，他们会一致地开始作种种推托之词。一个会说，长期以来一向公认，历史学家的任务是研究君王、议会、宪法、战争、条约以及领土变迁；另一个会说，晚近的历史没办法变好，因此，我们永远不能希望把过去与现在联系起来，而必须在我们自己与历史学家将敢于展开研究的最近的一点上保持适当的间隔距离；第三个会强调，历史研究如带有目的，就会危及所有健全的和科学的研究所依据的那些客观性原则。结果，我们的史书就像糟糕的回忆录，硬要回顾那些与我们的需要没有可指定的关系的事，这就是为什么历史的实际价值长期以来不清楚的原因。

为了更清楚说明我们在研究当今情况中对历史的依赖，读者要记住，我们的许多制度、机构大多数应归因于遥远的过去，只有那遥远的过去才能说明其起源，产生了罗马公教[①]、陪审制[②]、枢密院[③]、法学博士学位、公祷书[④]、文科七艺[⑤]的各种历史情况与当今的情况迥然不同。当代的宗教的、教育的和法律的观念并不是现状的直接产物，大部分是在人类知识远比现在少得多的各个时期中发展起来的。很奇怪的是，我们的思想习惯的变化比环境的变化慢得多，而且常常远远赶不上环境的变化。我们对某一制度或社会习俗的尊重可能纯系因袭下来的，与根据现状来看其价值没有什么关系。因此，我们老有用陈旧过时的情绪反应去看待当今的一些问题或企图用陈旧过时的推理去解决这些问题的危险。这就是我们无论如何不能完全适应我们的环境的主要原因之一。

对于教会及其在社会上的特有的作用、资本家、文科教育、纳税、守安息日、贫穷、战争，我们的见解只在很少程度上是根据当今正在发生的情况断定的。我所变的关于守安息日的信仰教育，是

---

① 指天主教，天主教自称公教，意即“普世性教会”，因以罗马为中心，故称。——译者

② 英国中古时代就有不太正规的陪审制，亨利二世时，刑事案件于 1166 年改由 12 人的陪审团代替神裁法，后来民事案件也采用这一制度，陪审制后来在英美司法中得到推广。——译者

③ 最初是由国王的佣户总管、宫廷官员及其他亲信组成的王国法院演变而来的，历史上指英国国王的私人顾问委员会，一度权力很大。17 世纪中叶起因国王不对政治观点负责而开始丧失其司法、政治职能，后演变为一礼仪性机构。——译者

④ 指英格兰教会祈祷书，国王爱德华六世下令根据罗马旧教的拉丁文祈祷书编译成英文的，于 1549 年出版。——译者

⑤ 原意为自由人应具有的学识，指语法、修辞、逻辑、算术、几何、音乐和天文学等，以区别于法科、医科。——译者

说上帝从西奈的云端上规定的，这是不合时代的信仰，在19世纪的美国不可能自发发生；然而，它仍然继续在影响许多人的行为。我们纳税很不情愿，好像这些税收仍然是封建贵族或专制君主为了他们个人欲望的满足而横征暴敛似的，尽管现在纳税是我们自己的代表规定的对公共开支的分担。过去人们曾经觉得战争中个人威力起的作用很大，现在也很少有人成熟到不认为个人威力比钢铁托拉斯对战争起的作用大。保守的大学校长们仍然认为有责任保卫“文科七艺”和古典文学，但是并不明白为什么他们负有这一任务。要对保守的经济学的与法律推理的不合时代之处做出公平评判，需要写整整一本书。

当今的社会正以史无前例的巨大努力来从多方面改善自身。我们关于世界和人类的知识从没有像现在这么多；普遍的友善气氛从没有这么浓，富有智慧的社会活动从没有像现在这么流行。我们每个人能否在促进这种改革的某个方面起作用，要取决于我们对现状和舆论的了解，而正如前面已表明的，只有靠多少仔细注意其产生过程才能把这些说清楚。我们必须空前大规模地发展历史意识，因为历史意识将弥补我们智力修养中不足之处，并且推进理性的进步，别的东西是办不到的。迄今为止，当今一直是过去的温顺的受害者；现在到了应反抗过去的时候了，为了前进而利用它。

“新史学”正摆脱从前对研究过去的历史所加的种种限制。它早晚会有意识地满足我们日常的需要，它要利用人类学者、经济学者、心理学者一切有关人类的发现，过去50年中的这些发现已对我们关于人类起源、进步和前景的观念起了革新的作用。在过去

半个世纪中，没有哪门有机的科学或无机的科学不经历非常惊人的变化，社会科学的长久名单中已添进许多新的学科，它们的名称19世纪中叶的历史学家甚至都没有听说过。历史学不可避免地会被卷入这一革命过程，但是我们必须承认，因为许多同时代的历史作家忽视了这一必然性，有才智的读者无疑地还在继续接受一些关于历史的范围与性质的多少有些陈旧的观念。

这本薄书之所以选定《新史学》这个书名，着眼点是想强调，事实上历史学不应被当成一门静止不变的学科，只有靠改善其方法和积累、鉴定和吸收新的材料，才能取得进展。它必须随着社会和各种社会科学的普遍进步而改变它的观念和目的，历史最终将在我们思想生活中起到一个前所未有的无限重要的作用。

第二章　史学史

一

“历史学”充其量是个十分含混的名词，在过去两千五百年中，它的性质和目的经历了许多重大的变化，如果我们想了解当今流行的关于过去历史的意义和研究历史的正确方法的各种相互矛盾的见解，最好重温一下历史学的多少令人吃惊的变迁。当我们回顾从米利都的赫卡泰乌斯[①]和希罗多德的著作到最近写成的博士论文的史学史，可以看到史学的观点从来不是一成不变的；它既是墨守成规的惯例，又是瞬息即变的环境的牺牲品。从前某些雄心现在已被迫放弃了；由于日益意识到对一些事情的无知而受到束缚；但是近年来几乎是不知不觉地出现的异乎寻常地扩张其领域，又大大抵消了这些耻辱的状况。半个世纪以前，人们认为人类的历史约在六千年之内；现在历史可回溯延伸到几十万年。而且，不仅人类有历史，动物、植物、石头、星星，甚至原子，也同样有它们的

① 卒于公元前476年的古希腊地理学家和历史学家。著有有关希腊历史和传说的著作。——译者

历史。所以动物学家、植物学家、地质学家、天文学家，甚至化学家都来参拜历史学神殿。

历史意识的发展或许就是现代主要的思想特征，这一特征不仅影响着社会科学，而且也深深地影响着我们对整个有机世界和无机世界的一般观念。然而历史学在起初并没有非常严肃认真的目的。无疑，最初这一领域是由讲故事的人发展起来的，其目的通常就是讲个故事，而不是为一门需要仔细研究的科学知识做出贡献。历史从长久以来至今，一直被人们看成一般文学的一个分支，它的目的是以艺术的方式把过去的事情表述出来，以满足人们对历史上著名人物的功绩和命运、王国的兴衰以及一再折磨人类的大动荡和大灾难的天然好奇心。当然，如果我们这么看，那也别误入歧途太远。

尽管关于历史的古老见解的持久存在是这么明显，几乎无须举例证明。我们还是很感兴趣要特别提到，迟至 1820 年，当时法国著名的历史学家多诺，[①]在法兰西学院上的一堂关于历史研究的讲课中宣称，要想成为历史学家的人首先应注意一些史诗的名著，因为正是这些诗人创造了叙事的艺术。多诺接着说，然后学生可以从近代小说中学习“对人物和事件做富有艺术性的描述的方法，如何分布细节，如何巧妙地开展叙事的情节，如何将叙述中断，如何继续下去，如何保持读者的注意力和引起读者的好奇心”。读过诗人和小说家的作品后，应读读优秀历史学家的著作，目的在于

① 法国历史学家和政治家(1761—1840 年)，主要著作有《历史研究讲义》(1842—1849 年)。——译者

领略他们的风格的秘密，这些历史学家有希罗多德、修昔底德、[1]色诺芬、[2]波利比乌斯、[3]普鲁塔克、[4]恺撒、[5]撒路斯特、李维[6]和塔西佗；[7]近代历史学家中有马基雅维里、圭奇阿尔狄尼、[8]詹农、[9]休谟、[10]罗伯逊、[11]吉本、[12]伏尔泰[13]等。在牢牢打好优雅的文学风格的基础之后，学生可以秉读这些优秀的著作，着重注意其内容而不是形式；因为，就是审慎的多诺也承认，在写历史之前，“显然需要了解历史”。不论是多诺的教学方案还是他开列的名家名单——无疑都是多少世纪以来最卓越的历史学家——都表明历史作家中文学传统的强度。

① 古希腊历史学家（约在公元前 400 年去世），著有《伯罗奔尼撒战争史》。——译者

② 古希腊历史学家（公元前约 430—前约 357 年），著有《长征记》等。——译者

③ 古希腊历史学家（公元前约 204 年—前约 122 年），著有《罗马史（公元前 220—前 146 年）》40 卷，仅 5 卷存留下来。——译者

④ 古希腊历史学家（约生于公元 16 年），著有《希腊罗马名人传》等。——译者

⑤ 古罗马将军、政治家和历史学家（公元前 100—前 44 年），著有《高卢战记》、《内战记》等。——译者

⑥ 古罗马历史学家（公元前约 59—公元 17 年），著有《罗马史》。——译者

⑦ 古罗马历史学家（约 55—118 年），著有《编年史》、《历史》、《阿古利可拉传》、《日耳曼尼亚志》等。——译者

⑧ 佛罗伦萨军人、政治家、历史学家（1483—1540 年），著有《意大利史》等。——译者

⑨ 意大利历史学家（1676—1748 年），著有《那不勒斯王国史》等。——译者

⑩ 英国哲学家和历史学家（1711—1776 年），历史方面著有《英国史》等。——译者

⑪ 苏格兰历史学家和教士（1721—1793 年），著有《苏格兰史》、《查理五世皇朝史》、《美洲史》等，其著作对同时代的休谟和吉本影响很大。——译者

⑫ 英国历史学家（1737—1794 年），著有《罗马帝国衰亡史》。——译者

⑬ 法国启蒙思想家、作家（1694—1778 年），著作颇丰，历史方面有《路易十四时代》、《风俗论》、《历史哲学》等。——译者

然而,历史学一向与文学的其他分支最少在形式上当然是有区别的。波利比乌斯在公元前2世纪著书时就强调这一点。他说,“无疑,一位历史学家的目的不应是用一连串令人毛骨悚然的奇文逸事来使读者惊愕不止,也不应该编造出一些‘也许’曾发表过的演说,更不应该像悲剧作家那样仔细研究戏剧性的得体。正相反,历史学家最重要的职责是忠实地记载下人们实际说过的话和做过的事,不管是怎样平常的语言和事情”。

然而,波利比乌斯的这些告诫通常遭到古代历史学家的忽视,他们的目的是要使读者对过去的伟大人物和触目惊心的事件感兴趣,通过描述和分析从前的政治家和军事家的政策,为读者从政做思想准备,或通过回忆过去别人遭受的苦难来教育读者庄严地承受命运的变迁。很清楚,这些吸引读者兴趣、教导读者或启发读者的目的主要是靠文学技巧,而不是靠煞费苦心地从事历史研究来达到的。

在修昔底德、波利比乌斯和塔西佗看来,历史似乎纯属人类和现世的。其意义也限于这个世界。他们认为,任何暗示诸神的影响或天意似乎十分不适当。可是,随着基督教会的建立,历史开始带有宗教和神学的意义。

二

在早期的基督教徒看来,《旧约》中所叙述的希伯来人历史是非常重要的,可用来体现和说明他们关于救世主最终来到人间的主张。通过比喻的解释,远古时代一些极偶然的事件就能产生与当今的逼真的重要关系。基督教徒或许最先感觉到历史有一种真正伟大的意义，因为在他们看来，历史变成一首神圣的史诗，上溯到上帝造人，再进展到一个最后的庄严的决定性危机中，善恶终于分明。

但是历史的这种与神学结合和神学意义，是以大大牺牲所有俗世观点和历史准确性赢得的。他们把亚摩利人[①]说得很重要，却否定了迦太基人。[②] 以诺和罗得[③]在历史中显得突出，却简直不知道有伯利克里[④]其人。比喻的手法使得一切文学评论或历史考证，即使不是不恭敬地质疑上帝亲自启示的真理，也变成毫不相干的事。接着奥古斯丁[⑤]终于以似乎有道理的方式详尽发挥他的双城论——一个是上帝之城，从一开始就存在，其历史可经由《旧约》一直追踪到《新约》；一个是魔鬼撒旦之城，是堕落的天使们建立的，国王柏罗斯和女王塞米勒米斯[⑥]就是可以证明的例子，其丑恶的生活一直持续到他那个时候的罗马帝国。历史就变成神圣与亵

① 据圣经《旧约》，属以色列之前的迦南人主要部族之一，居于约旦河巴勒斯坦一带，后为摩西打败，土地被占。——译者

② 迦太基原为腓尼基人约于公元前 9 世纪建于地中海北非沿岸的国家，曾很强盛，后在与罗马多次战争、特别是布匿战争中战败，公元 146 年后沦为罗马殖民地。——译者

③ 均为《旧约》神话传说中一般人物，以诺为该隐的长子，罗得为亚伯拉罕的侄子。——译者

④ 雅典政治家和演说家（公元前约 495—前 429 年），曾帮助加强雅典军事力量，奖励艺术、文学，改革政治，加强民主。他的时代被称为雅典黄金时代。——译者

⑤ 早期基督教神学家和北非希波城主教。他大力宣传基督教，排斥异教，著有《上帝之城》、《忏悔录》等书。——译者

⑥ 柏罗斯系希腊神话中海神波塞冬之子，是个英雄人物。塞米勒米斯是亚述传说中的女王，相传曾征服波斯、埃及、埃塞俄比亚等国。——译者

渎神圣的历史。经过荒谬解释的犹太案卷，继之以基督教徒殉教者的故事和奇迹，这就构成绝妙的历史。

在奥古斯丁的弟子奥罗修斯①心眼里，对埃及、希腊和罗马的一切成就都视而不见，有的只是些崇拜魔鬼的异教徒国家连绵不断的灾祸。在奥古斯丁指点下，他编写了《反对异教徒的七部史书》一书。目的是要驳斥诬蔑基督教的异教徒，因为异教徒坚持说，由于抛弃了古代诸神，他们的时代是最不幸的时代。他却狂妄地坚称，正相反，在基督教出现以前，早已举行过真正的死神狂欢节。据他说，为了证明这一点，他把从过去的年代记中所能找到的例子都集中在单一册书里，“其中有极其可怕的战争、瘟疫、灾荒、地震和洪水的令人畏惧的蹂躏，火山喷发、闪电和冰雹造成的破坏，以及由于罪恶造成的深重苦难”。他为了便于教训异教徒的书变成了其后一千年普世历史教科书的范本。此书是中世纪基督教徒合意的读物，并且得到了教会神圣人员领袖的认可。对于奥罗修斯和其后多少世纪他的无数读者来说，历史就变成了上帝惩罚罪行和因人类原罪带给全世界灾祸的故事。

但是为了认清奥罗修斯与希腊罗马古典作家在历史的目的和用途的观念上的鲜明对比，我们无须使自己经受奥罗修斯夸夸其谈的摧枯拉朽般的狂风。在古代，历史女神克莱奥陷于仿效其姊妹诗歌和戏剧、借用她们的华丽辞藻的危险之中。这时，她又让自己被神学蒙住眼睛牵着走，神学很久以来就是文学的强有力的对手。在中世纪，希

① 西班牙人（活动时期 414—417 年），早期正统基督教的护教士、神学家和历史学家。——译者

腊的历史学家们和罗马最伟大的历史学家塔西佗已被遗忘；所以，奥罗修斯的神学论证小册子就扭曲了欧洲人对于古代历史的见解达一千年之久，直到修昔底德和波利比乌斯再现于其视野中。

然而，甚至古典学术的复兴也绝不能就把关于历史的“神意”观念消除了。在博絮埃[①]的《世界史》中，对神意有精彩的说法。他在所回顾的一切伟大事件背后都察觉到有隐秘的天命：

> 在天之上的上帝，统领着所有的王国，驾驭着一切人的心灵；他时而抑制人们的情欲，时而放松缰绳，以这种方式影响全人类。要是他要造就一些征服者，他就使他们受惊吓，然后又激励他们及其士兵英勇顽强杀敌。要是他要造就一些立法者，他就把聪明才智和深谋远虑的头脑送给他们，使他们能防止危及国家的灾祸，并为社会安宁奠下基础。他深知人类才智在某些方面目光短浅，就使他们眼睛豁亮，开阔视野，从而使之摆脱愚昧；他也可以使他们盲目，理智顿失，从而自己打败自己；智慧深藏不露，聪明反被聪明误，而谨慎于他是个圈套。按照永不会错的公正准则，上帝用这个方法锻炼了他们的令人生畏的判断力。[②]

不幸的是，这种神的天命的神秘性质开启了对于其意义的互不相容的观点争斗之门。在博絮埃看来，所有的历史都展示上帝一直关怀天主教会，而对那些背离他传给彼得并由其继承者传下的信仰的人们发怒。在另一方面，路德相信，历史是支持他攻击他

① 法国高级教士、历史学家、神学著作家（1627—1704 年），主要著作有《天主教教义解释》、《世界史》等。——译者

② 《世界史》末章。

所称的“罗马魔鬼巢穴”的。他死后不久，一群新教徒就已编写出一部大部头的教会史《马德堡世纪》，他们在书中设法证明教皇和罗马天主教会起源自魔鬼。枢机主教巴罗尼乌斯①写了12卷书回答，他相信书是在圣母马利亚直接保护支持下写成的，在书中他列举“上帝为惩罚那些胆敢狂妄反对或密谋反对上帝的教会的人所降的种种灾难”。三百年来，双方继续为了各自的利益唆使历史为自己说话，就是到了今天，我们仍然必须承认，在历史研究的重要领域有宗教偏见存在。尽管宗教论战非常激烈和盲目，然而还是激励了近代的许多学术研究，如果某些具有显著宗派特点的著作，诸如雷纳德斯的续巴罗尼乌斯的著作，还有当代的杨森的《德国人民史》从没有人写出来，那么我们的历史著作就会更贫乏了。

在《马德堡世纪》的作者们与巴罗尼乌斯主教看来，还有在新教与天主教的历史学家看来，上帝与魔鬼显然是起决定作用的伟大的历史力量。然而，自16世纪以来，我们关于上帝的观念以及历史的观念已经发生变化了，现在很难找到有一位历史学家还自恃具有参透上帝的忠告并追溯天命施行的详细情况的能力。至于魔鬼，现在再十分确信地归罪于他的事已几乎没有了。

三

16世纪初期，以马基雅维里和圭奇阿尔狄尼的著作为代表，使历史著作回归了世俗标准，到了18世纪，这就成了很显著的趋

① 罗马天主教会历史学家(1538—1647年)，著有《从基督诞生至1198年的教会编年史》。——译者

势了。吉本、伏尔泰、休谟、罗伯逊以及其他历史学家很成功地使历史重新世俗化，并力求使他们关于政治事件的叙述具有古代优雅的格调。

博林布鲁克勋爵在他1733年著的《历史研究书信集》中说："任何学问研究的应用如果不能使我们成为较有品德的人和较好的公民，充其量只是一种华而不实且很巧妙的无用的东西……而我们从中得到的知识只不过是一种体面的无知。我认为，这种体面的无知就是一般人、甚至最有学问的人从研究历史中得到的全部好处；而在我看来，在所有的学问研究中，研究历史是培养我们私德和公德的最适宜的方法。"他十分正确地说，历史是被大多数人当作一种消遣来读的，就像打牌一样。他们中有些人专心读历史，以便为他们的谈话点缀点历史引喻，至今仍流传这种论点，认为一个人应该多了解过去的历史，才足以理解书本上谈到的值得注意的事件和人物。博林布鲁克抱怨说，想象力较少的学者满足于从错误百出的手抄本上整理出校正本，为他人解释难懂的字句，或根据十分不可靠的材料编写有点离奇的编年史。博林布鲁克还谈到与之相反的一些历史学家，他们领悟到历史毕竟只是"通过事例来讲授哲学"。他认为，因为"我们在历史中找到的一些事例，已由于历史学家生动的描述和正确的解释或批评而提高了价值"，会比口若悬河的演说或"纯哲学的干巴巴的伦理学"具有更好和更持久的效果。此外，把他的论点概括起来就是，我们通过研读历史，还可在短时间内享用他人消耗很多时间精力得来的大量经验而自己又不用冒险。历史使我们"能够与以前的人生活在一起，使我们能够居住到我们从未见过的地方。就这样，空间扩大了，时间延长

了:所以一个人如果在他踏入社会之前,很早就专心研读历史,就可在几年之内不仅获得有关人类的更广泛的知识,而且还体验了比他的任何先辈更多几百年的经历”。我们自己的个人经历有双重缺陷:我们生得太迟,未能见到许多事情的开端,而我们死得太早,又见不到许多事情的结束。历史在很大程度上弥补了这些不足之处。

博林布鲁克关于历史具有使人变得更聪明并成为更好的公民的效用的主张,当然并不是什么创见。波利比乌斯早就把历史看成政治家和军事指挥家的指导者;无数的编年史家曾极力主张,过去著名的道德上的胜败事件会起到扬善抑恶的作用,他们的这一希望也是他们从事这一事业的理由。然而,今天我们很少能找到一位历史学者敢于劝告政治家、军人和道德家信赖历史上类似的事件和殷鉴,因为所谓的类似事件经仔细审查,往往证明是错觉,而历史殷鉴也不恰当。不管拿破仑在他的许多战役中,怎样能够将他读过的有关亚历山大远征或恺撒的征战记述加以任何实际应用,可以十分肯定,日本东乡大将①没有从纳尔逊②在亚历山大港或特拉法加的战术中得到什么有用的提示。我们现在的处境是如此日新月异,甚至是一个世纪前的政治和军事先例都似乎已不能有什么可能借鉴的价值了。至于梅特林克③所称的我们当今“渴

① 日本海军元帅(1847—1934 年),日俄战争时任日本联合舰队司令官。在 1905 年日本海海战中采取敌前回旋战法大破俄罗斯波罗的海舰队。——译者

② 英国著名海军大将(1758—1807 年)。曾经历次战役,1798 年在埃及尼罗河口的亚历山大港击溃法国海军,1805 年又在西班牙半岛西南特拉法加海角大败法西联合舰队。——译者

③ 比利时戏剧家、散文家和诗人(1862—1949 年)。——译者

望的德行”，看来也很清楚，不论是萨丹纳帕路斯①和尼禄②该遭天罚的奢侈挥霍，还是阿里斯提得斯③和霍拉提④的卓著的德行，在促进这种德行方面都同样无能为力。

18 世纪有相当多的“历史哲学”著作出版，很受欢迎。这些著作是想要了解和解释人类过去历史的总趋势的绝望的成果。当然，这也曾是奥古斯丁和博絮埃的目的，但是伏尔泰把他的《历史哲学》(1765 年出版）专用来使人们所普遍接受的宗教声名狼藉；他满足于挑选出他称之为“有用的真实情况”，而不是提供关于过去历史的什么特别的理论，他在《风俗论》开端向夏特莱夫人说：

> 在大量史实中，您只想寻找值得您了解的东西：各主要民族的精神、风尚、习俗以及一些为说明这一切而必须了解的事实。这种学习的目的不在于知道某年某月、某个野蛮民族中、某个不值一提的王公继承了王位。如果我们竟至于企图把一切朝代逐年累月的历史都塞进脑中，那我们就只是知道一些字句而已。对于曾使其人民文明幸福的君主的丰功伟业不可不有所知，而对国王们那些只能增加记忆负担的庸庸碌碌的形状则可以不加闻问。……对于这些卷帙浩繁的史册，不能兼容并包，而应有所取舍。这是个大仓库，您可以在其中选取

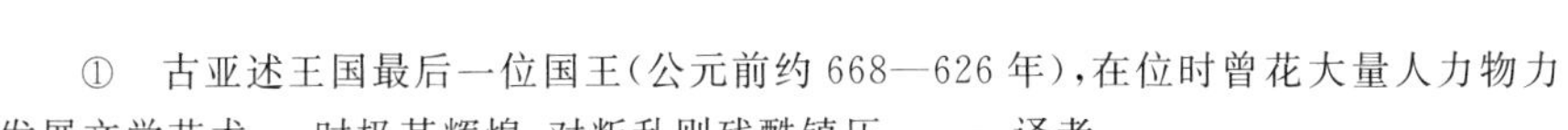

① 古亚述王国最后一位国王(公元前约 668—626 年)，在位时曾花大量人力物力发展文学艺术，一时极其辉煌，对叛乱则残酷镇压。——译者

② 罗马皇帝，公元 54—68 年在位，以奢侈残酷著称。——译者

③ 雅典政治家和将领(公元前约 530—前约 468 年)，有“公正者”的称号，为人清廉。——译者

④ 古罗马传说中的三兄弟与阿尔巴隆加的库尔希伊三兄弟作战，有两兄弟战死，但受伤的第三个人奋战把对方三兄弟都设法消灭掉。——译者

您所需要的东西。[①]

伏尔泰对过去历史的反应很自然，正是人们从他对他所处时代的态度中可以料想到的。他从"大仓库"中取出那些他的伟大运动所需要的东西，在这点上他做得很好，不论在现在历史学者看来他的批判是多么无批判力。

赫尔德[②]在他的《也论人类教育的历史哲学，对本世纪诸多论述的论述》(1774 年出版)这部小书中，谴责伏尔泰及同时代其他作家普遍的轻松不严肃的写作态度和肤浅的思想，他认为，这些作家妄图把宇宙和人类的历史挤压进他们的微不足道的哲学范畴。10 年后，他写了《人类历史哲学的观念》这部巨著。他在书中从研究地球在其他天体中的位置、人类与动植物界的关系开始，力求赋予广大的历史进程某种理想的统一体和秩序。他说："如果说自然界有一个上帝，那么历史也有个上帝，因为人类本身就是造物的一部分，即使过着穷奢极侈或激情奋发的生活，都必须服从一些法则，这些法则与使所有天体运转的那些法则同样卓越和优美。现在我已相信，人类能够认识他应认识的各种事物，并且注定能够获得各种事物的知识，我就从我们人类曾经经历过的种种纷乱的情景自由而满怀信心地信步穿过，去检验那支配人类的优美而崇高的自然法则。"他认为人类天性的目的是人道，人类必定要经历各种各样的盛衰浮沉的不同的文明阶段，但其永恒的幸福主要是建

① 译文转引自《风俗论》中文版(商务印书馆 1995 年版)上册第 199—200 页。——译者

② 德国哲学家和文学家(1774—1803 年)，主要著作有《语言的起源》、《人类历史哲学的观念》等。——译者

立在理性和公正的基础上。此外,“假如一种生物或生物体系被迫离开其真、善、美的永恒位置,它会靠自己内在的力量,即或处于摆动中或由渐近线又走向这个位置,因为离开这种状态,它就无法稳定”。这是自然法则。赫尔德不时地系统表述许多其他“法则”,他认为这些“法则”是从过去的混乱中得出的。不论我们会对这些“法则”有什么看法,他不仅以其对当时流行的哲学的尖锐批评,而且以不时闪现的深邃的历史洞察力,不断使现代读者感到惊讶。十分明显,他是“浪漫派”的先驱,这一派以黑格尔著名的《历史哲学》而达到顶峰。

四

自 18 世纪中叶以来,人们除了对古老的文学、政治、军事、道德和神学感兴趣外,又有新的感兴趣的领域在兴起。这些新兴趣对历史研究产生了明显的影响,大大改变了历史研究的精神和目的,扩展了研究的范围。举一个例子,孟德斯鸠[1]的《论法的精神》(1798 年初版)回顾了过去的历史,目的是要建立一个纯粹科学的命题,即人类的一切制度,如社会的、政治的、教育的、经济的、法律的和军事的制度都具有相对性。法国起草第一部宪法(1789—1791 年)的许多讨论,引起了人们对宪法史的研究,这样的研究此后一直没有失去吸引力。

19 世纪初期,在法国大革命发动时非常著名的世界主义思想

① 法国哲学家和法学家(1689—1755 年)。——译者

观点，这时已开始逐渐让位于民族精神。它在欧洲各个不同的国家，特别是在德意志觉醒起来。这种精神几乎立即在历史哲学的一种新的富有特点的解释中显示出来。尽管作者并不自诩懂得黑格尔，但我认为把1822—1823年冬黑格尔第一次在柏林开讲的关于历史哲学的讲课中一些内容复述一下是值得的，因为很多人曾认为自己懂得他所讲的，并深受他的学说的影响。当他回顾一些个人和民族的盛衰浮沉变化、存在一时但又消失了的情况，他确信他能追踪"世界精神"走向意识，从而达到自由（即其本性）的运动。这种精神采取接连不断的各种形式，并接连不断超越这些形式。这些形式显示在诸历史民族的独特的天赋上。黑格尔说，一个具有严格确定特征的特定的民族的精神，"自身建立为一个客观世界，以特定形式的宗教崇拜、风俗习惯、宪法和政治法律，总之，以其整套制度，并以形成其历史的种种事件和过程而存在和延续"。黑格尔认为，波斯人是第一个世界历史民族，因为不正是在波斯，"世界精神"首先开始取得"无限制的无所不在的主观性"吗？希腊人的特性是"美所制约的个性"，罗马世界的普遍原则是"主观的内在性"。尽管这一理论也许很巧妙，要不是黑格尔意外地发现，正是他自己亲爱的德意志民族曾使"世界精神"乐意采取其最高的形式，它也很难形成民族自由的新福音的根据，并深深影响历史的解释。黑格尔宣称："'德意志精神'就是新世界的'精神'，其目的是要使绝对真理实现为自由的无限制的自决……德意志民族的命运是要成为基督教原则的传布者。"

黑格尔指定给他的同胞担任的至高无上的角色使他们充满无可非议的自豪。浪漫主义作家所歌颂的中世纪"德意志民族特性"

的荣耀，最近成功地把法兰西暴君逐出德意志的事件，不都充分证明他们所担任的角色吗？所有这一切合在一起就会使历史研究和著作产生一种显著的民族的和爱国主义的倾向，这是必然的。于1826年出版的《中世纪日耳曼编年史》，是部中世纪日耳曼原始资料大汇编，后来成了其他民族的典范，而德意志人也第一次成了历史研究领域的领袖，像在其他许多领域里一样。兰克、达恩[1]、吉兹布雷赫特[2]、魏茨[3]、德罗伊森[4]以及其他许多人开始专门研究德意志历史，都充满热烈的爱国主义热情，与上一世纪的世界主义精神迥然不同。欧洲各国的历史都趋向于变成明显的民族历史，人们大力促进数量巨大的资料汇编的出版。

这种民族精神和19世纪的政治问题和宪法问题，很自然地会使人们以前对政治历史兴趣继续保持下去。政治史是最古老、最明显和最容易写的一种历史，因为君主们的政策、他们颁布的法律和他们进行的战争一向是最可能被记载下来的重大事件。那时的国家是人类的社会创造物中气势最雄伟和最重要的社会组织，而历史学家普遍认为过去最值得了解的事可能都直接或间接与国家的历史有关。兰克、德罗伊森、毛伦布雷歇尔、弗里曼以及其他许多人都认为政治史是最明白无误的历史。

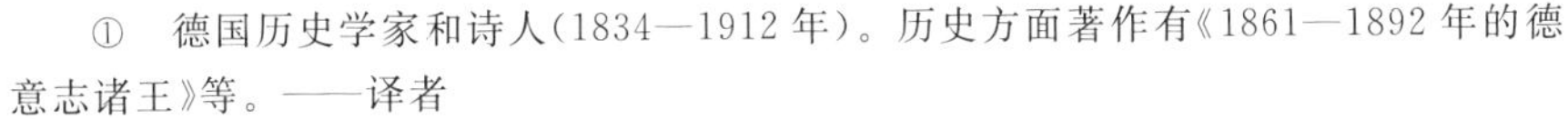

① 德国历史学家和诗人（1834—1912年）。历史方面著作有《1861—1892年的德意志诸王》等。——译者

② 德国历史学家（1814—1889年）。著有《德意志帝国时期历史（1855—1880年）》等。——译者

③ 德国历史学家（1813—1886年），《中世纪日耳曼编年史》编者之一。著有《德意志宪法史》等。——译者

④ 德国历史学家（1808—1884年）。著有《普鲁士政治史》等。——译者

五

现在我们已回顾了看来曾影响了从修昔底德、麦考莱到兰克的大多数历史作家的一些主要动机。他们一致认为,多少是谨严地或以批判的精神研究过去的历史事件和情况的记载的目的,是要使读者觉得有兴趣、受启发或得到帮助。然而就我已讲到的来看,这些主要旨趣没有一项可以视为科学的。他们审视历史,就希望能发现培养政治家和勇士的秘诀,能使人们不信异教诸神,能表明天主教或新教是正确的,能展示世界精神充分发挥的各个阶段,或论证自由一旦从德意志森林中涌现出来,就再也不会回到那里去,这些动机没有一项是科学的,尽管可能跟做高深的学问结合在一起。但是,到了19世纪中叶,历史女神开始被自然科学强有力的吸引力所迷住。她不再满足于在神仙住的赫利孔山微风拂过的山坡上,伴以七弦竖琴和尖声的长笛来歌颂一些英雄们和民族的丰功伟业,再也不敢试图为上帝对待人类的种种手段辩护。她终于承认对于她所承担的工作准备不足,一早就泡在图书馆里,校阅各种手抄本,并开列出各种手抄本异文的单子。她还想多做些,开始谈到要把她那堆杂乱无章的学识提高到科学的高度。

使历史学变成具有科学性的一门学问的新雄心,其成果是非常重要的。首先,人们开始以批判怀疑的眼光来看待与历史有关的原始资料。然而只要历史学家们还继续把他们认为会吸引读者兴趣的一些著名历史事件介绍给读者,并就此发表一些评论,旨在增强读者品德或爱国主义精神,或让他保持对上帝的

信仰，则他是否煞费苦心去核实事实都没有什么重要。实际上我们有幸一瞥的准确事实，很少像“可能会发生过的事”那么生动，那么富有启发性。不过今天历史学家大部分的注意力已转向原始资料的性质、可靠性或缺陷上。历史所依据的资料受到最严格的仔细审查。许多从前依据的资料或部分遭否定或全部被摒弃。可是，通过谨严的研究和系统的编目分类也增添了许多史料。

此外，历史学家现在清楚地认识到，他的一切原始资料就其实质来说，都不如自然科学各个不同领域可以利用的资料。对于他所描述的现象，他可以几乎从没有一点直接的体验。他只是靠过去人们遗留下的残缺不全的线索，不论是在书籍、文件、碑文中，或残存的古建筑物以及考古发现的其他古代文化遗物中，才了解到过去的事实。书籍是他过去惯常的主要依据，他在书籍中找到的线索通常是某个人写的传闻，他一般并没有亲历其境，甚至也不愿告诉我们他的所谓资料的出处。这就是几乎所有古代的和中世纪的历史学家和编年史家的实况。所以就发生“为历史学家论证提供一些惊人的论点的大量原始资料，只不过是些心理活动的迹象”，而不是事实的直接证迹的情况。正如一位法国学者所指出，历史学家就像处于化学家的位置，他不得不依赖实验室实习生告诉他的实验情况来取得一系列实验的知识。

有成千上万的例子可以引证，我们举出其中一个例子：吉本告诉我们，阿拉里克[①]于 410 年去世后，“在为英雄举行的葬礼上，野

① 西哥特王（约 370—410 年）。曾两次攻占并洗劫罗马城。——译者

蛮人就显出其凶残性格，他们以悲伤的掌声来悼颂他的勇武和命运。靠大批俘虏的劳动，他们强行使沿康森提亚城流过的小河布森提努斯河改道，在放干的河床上修建国王的陵墓，墓上装饰有从罗马掠夺来的辉煌的战利品；然后再让河水改归原道，安葬阿拉里克遗体的秘密地点就被永远隐匿起来，因为被用来执行这一任务的俘虏们也都被惨无人道地屠杀了”。这段记述的根据是语言错误百出的《哥特史》，是一个无知的人约尔丹[①]在距这件人们设想的事发生的140年后写的。据我们了解，约尔丹是从他同时代的受过较高教育的卡西奥多鲁斯[②]的著作中随便抄下的，该书已佚失，这就是我们所了解的有关原始资料的全部确实情况。

我们该相信这段已编入这么多教科书的故事吗？吉本并未亲眼目睹阿拉里克的葬礼，其故事受到吉本大加利用的约尔丹也没有看到，卡西奥多鲁斯也没有看到，他是在这位哥特王去世后相隔约80年才出生的。我们可以检查吉本书中所表现的“心理活动”，因为他说他的故事取自约尔丹，但是除了怀疑约尔丹的故事是抄自已佚失的卡西奥多鲁斯的书外，我们没有办法检查把已知的故事和真情实境分开的种种不同的心理活动。除了约尔丹的根据外，我们还有其他一些理由认为阿拉里克是死了，至于埋葬他的情景，我们只能说，也许就像约尔丹所描述的那样，但我们没有丝毫理由可以认为，情况就是那样。

① 6世纪的历史学家和神职人员。《哥特史》是根据卡西奥多鲁斯及其他人的著作编写的。——译者

② 意大利政治家和历史学家（约490—约583年）。著有《哥特史》及《信札》等。——译者

六

科学精神的第二个一般成果或许可以从兰克的豪言壮语中发现，他夸口说要据实——“它本来是什么样”——来叙述历史。这个有节制的雄心，在19世纪中叶似乎需要一点解释，如我们前面已说明的，以前的历史学家往往还有其他支配他写作的动因，如指望历史要支持或最少也不违反当时的爱国主义和宗教的成见。因此，一个历史学家如自觉地决心按他所发现的事实来叙述历史，肯定就使他处于较之以前高得多的水平上，并产生革命性的效果。例如，过去50年间，人们对一个大范围的宗教现象进行了真正的科学调查研究，取得了最惊人的成果。

但是，决心要仔细检验原始资料并只叙述看来得到充分证据支持的事，毕竟也仅仅是科学的历史编纂学的开端。能令人满意地验证的关于人类历史的事实，其数量之多不仅大大超过任何可能有的单独一部历史描述所能容纳的范围，而且因其性质是如此复杂，引起了人们许多很不相同的解释。于是我们接着要问，自然科学的强有力的影响，通过什么途径才能使历史作家在选择其提供给读者的事实方面以及在给予说明和解释方面受到影响？

首先，现在科学研究方法最显著的特征是什么？人们可能会很自信地回答说，鉴别那普通的和晦暗不明的小事物的重大意义，毫不犹豫地抵制一切神学的、超自然的和以人类为宇宙中心的解释，与所有科学工作者建立同行关系，不论他属于哪个研究领域。然后对自然法则及其各种方式的应用进行研究，这已被证明富有成果，超过了最乐观的人的异想天开的期望。于是，细致而耐心的调查研究，对自然解释和自然法则的发现，就构成现代科学研究最突出的特点。

历史长期以来被一个假面具掩盖着，这个面具或者为它那不漂亮的外表增添妩媚，使人简直认不出来，或者使它那为人们熟悉的平凡形态变成可怕的和令人厌恶的样子，所以难怪历史学家只能缓慢地调整自己以适应科学的观点。过去的历史学家不喜欢描述人们熟悉的情况和普通的日常生活。吸引他们注意的是那惊人的或异常的事件，而且他们发现在所依据的原始资料中已有记载。他们就像一位只研究地震和火山的地质学家，或者说得更合适些，像一个动物学家，不愿意研究比大象小的或其习性不如不死鸟或热带蜥蜴那么浪漫的任何动物。较之化学从炼金术中解脱出来、天文学摆脱占星学家的梦想来，历史学的现代化发生得慢得多，且是较晚的事。巴克尔[①]的话或许是对的，他宣称就才智而言，历史学家从整体来说不如其他领域的思想家，但是，我们不应忘记，与化学或地质学的问题比较起来，他们的任务充满许多特殊的和难以逾越的困难。历史学家之逐步摆脱古代以来对其任务的曲解，主要归功于自然科学的普遍影响和各种不同的社会科学间或出现的特殊影响，而不是靠本身的努力，这并不奇怪。[②]

大大影响对历史事实的选择并对之做出解释的头一门社会科学，是在18世纪发展起来的政治经济学，这并非不自然。最先提

① 英国历史学家(1821—1862年)。著有《英国史》。——译者

② 历史学与这些比较新的社会科学的关系是下面一章的主题。

出一连串本应由历史学家对历史提出的令人惊奇的新问题的,并不是专业的历史研究者,而是一位经济学家,此外,他还为历史学家以前没有弄清楚的许多事情提供了科学的解释。

早在1845年,卡尔·马克思就指责那些不是靠在地上艰苦的日常工作而是想从天上变幻不定的云端去发现历史诞生地的人。他坚持认为,对于过去的历史的唯一合理的并始终是正确的解释应该是经济的解释。他认为,社会的历史视其成员生产维持生计的资料和在他们之间交换工业产品的方法而定。生产和运输方法决定了交换的方法、产品的分配、社会区分为一些阶级、几个阶级之间的关系、国家的存在、其法律的性质以及一切与人类有关的事。

我们在这里不涉及这一观念的复杂的起源,也不涉及人们认为是马克思提出的思想创见这一说法的准确程度。更没有时间来说明马克思的理论被他自己及其追随者滥用的做法。许多社会主义者和某些有地位的经济学家要我们相信,一切事情都可以按经济学来解释,历史学家中同意这种观点的即使有也极少。但是,按现在大多数经济学家所理解的这一学说的稳重而又缓和的精神,它可以比以前提出的任何一种解释更能说明多得多的历史现象。无论如何,正是由于经济学家强调那些持久的但往往不引人注目的因素的重要性,从而打开了富有成果的研究领域,这些因素几乎完全没有引起19世纪中叶以前的历史学家的注意。人类生活中的普通而简单的因素的基本影响和重要性已很明显。具有科学头脑的历史学家不再老是偏爱那些史诗般的、场面壮观和传奇的事件,而是力求重现过去的状况。这最后一点很重要,我们必须就此

稍谈一点。

现在人们仍常常把历史说成是对过去事件的记载，读者也仍期盼从历史学家的著作中读到关于过去的故事。但是谨严的历史学家终于已认识到，他不能切望成为一个优秀的讲故事者，理由很简单，因为假如他所讲的仅只是有充分理由相信是真的事，他的故事往往是十分残缺不全和模糊不清的。小说和戏剧，作者可以十分自由地想象出细节并调整细节以符合艺术的要求，但历史学家应该始终意识到加在他身上的严格限制。如果他仅限于他掌握的原始资料所描述的一系列事件做诚实的和谨严的陈述，那往往太缺乏生动可信的细节，不能编写出令人满意的故事。

历史学家逐渐明白，他的任务与文学家的任务根本不同，他的身份倒不如说属于科学家的身份。他能随意运用的只是他的科学的想象力，这完全不同于文学的想象力。他在研究人类过去的历史事件记载方面所受的训练，特别使他适合在使我们全面了解人类过去了的历史方面做出贡献，这是他该做的事。他尊重所发现的已有记载的一些事件，并不是因为这些记载具有激动人心的兴趣，而是因为这些记载说明使事件发生的当时普遍存在的、平常的情况。如果编年史记载一些事件的发生会与某个民族或个人的一些多少是持久的习惯和环境有关系，那么不论编写编年史的工作有多么枯燥也没有关系。如果说历史的主要功能是说明事情怎么发生的——关于这个问题前面已谈到一些[①]——那么，对于历史

① 见本书第 18 页及以下诸页。

学家来说，各种事件就成了影响相当多的人的一般情况和变化的第一重要的证据。在这方面，历史只能仿效一些较老的自然科学的榜样：例如，动物学不研究异常的或可怕的动物，也不详细讲解动物对人有启发意义的习惯，而是详细阐述一般原理；数学不再在数字的奥妙性质上徘徊，天文学家也不再从行星的位置上来寻求解释我们的个人命运。但是合乎科学的真实性已表明是能够与虚构争个长短的，现代的人对于研究那些以前会被认为是最粗俗没趣的平常事具有无限的强烈爱好。

会有一些人想要遵循自然科学所提示的思路，做出努力，寻求历史的规律并改造历史，使历史变成一门科学，这是不可避免的。这方面最著名的例子是巴克尔未写完的《文明史》，第一卷是1857年出版的。在他看来，已收集的历史资料，总在一起来看，“很丰富、壮观”，但历史学家的真正难题几乎没有人察觉，更不用说解决了。他宣称，“不论人类思想有怎样崇高的意向，历史学仍不幸深有缺陷，呈现出混乱和无政府状态，这对于一门尚未认识其规律、甚至基础也没有打好的学科是很自然的”。他告诉我们，他因此希望，“能为人类历史做到某种与自然科学一些不同的分支的研究者已经实现的相同的或无论怎样是类似的结果。关于自然界，许多表面看来十分不规则和反复无常的事情已经得到解释，而且已表明合乎某些固定不变的普遍的规律。这一步之所以能做到，是因为一些有才能的人，尤其是一些具有耐心和善于不倦思考的人，研究了自然界的种种事情，旨在发现其规律性；如果人类的事情也得到同样的研究，我们有种种理由期望得到相似的结果”。巴克尔要发现支配人类行为的物质的与精神的法则，然后再探索

这两种法则在文明的全面发展中的作用。巴克尔与马克思不同,他认为,在像欧洲这样高度发展的文明世界,物质法则变得近乎不起作用,因此,历史研究的主要对象应是道德的和思想的法则。

自从巴克尔的著作出版至今,50年已过去了,据我所知,没有哪位历史学家敢坚持说,我们朝他为自己设定的目标已取得很大的进展。对社会科学各个不同学科,特别是政治经济学、社会学、人类学和心理学的系统调查研究,已成功地解释了许多事情;而从天文学家、物理学家或化学家的观点看来,历史必定仍然是一门非常不精密的和不完整的学问。这主要是因为历史关注的是人,人的迂回曲折的道路和漫无边际的欲望,现在似乎没希望把这些纳入任何明确界定的法则范围内。因此,如我们前面已看到的,我们的历史知识所根据的,很可能永远是分散各处的和非常不确定的材料,其真实性如何我们往往没有办法检验。毫无疑问,我们可以按严格的科学精神来研究历史,但是我们占有的有关人类过去历史的资料,不具有适合构成一门准确的科学的性质,尽管如我们将看到的,人们可能从这些资料发现极重要的真实情况。

近代的历史研究者很清楚,他的材料不可靠而且极不充分,但是就连诚实的学者在为读者著书时,也已惯于把他们的怀疑和感到不确定之处隐瞒起来。由于写史迫切需要有力的文学性描述,驱使他们掩盖自己的可怜的无知,并经不起诱惑而无视那正张开大口的缺乏知识的陷坑;但是,拖着沉重脚步的历史不得不在陷坑的边沿停住了脚步,尽管文字能够一步跃过。主要是由于对我们

知识的范围的言过其实和全然错误的见解，才怂恿了像巴克尔和德雷珀[①]之辈去做轻率的冒险，他们曾梦想要把历史学变成一门严密的科学。

50年前，人们一般相信我们对人类最初阶段有一些了解。关于人类突然出现在上帝新创造的大地上和他们早期的举动，有一个简略而格外有权威性的记述。今天，我们才开始认识到，人类有无限古老的历史。我们看到一些旧石器时代的工具，人们有理由设想可能是在10万年或20万年前造的；最近发现的始石器时代的遗迹，可能是比旧石器又早10万年或20万年的东西。当然，关于成千上万年时期的说法，这些仅是推测和印象，之前似乎还有几十万年，据雷·兰克斯特的说法，在此期间，有一种动物进化到"有一个比较巨大的脑袋、灵巧的手和长期形成的投掷石头和挥舞棍棒的偏好，一般地是运用他的智慧而不是单靠体力来打败侵犯者或满足他的天生的好胃口"。可能还会有些历史学家争辩说，所有这一切与历史无关，这是"史前的"。但是"史前的"一词必定走上我们常听到的"亚当[②]以前的"这个说法同样的路。两者都是指一种怀疑，即认为我们用某种方法，取得在舞台脚灯初亮、帷幕升起上演伟大的人类戏剧之前所发生的事的不正当的资料的怀疑。关于所谓"史前"期，我们的确仍知之甚少，但是，存在着这样一个时期的明摆着的事实本身就是最重要的历史发现。在尼罗河流域发

① 美国化学家、生理学家和历史学家(1811—1882年)。历史方面的著作有《欧洲思想发展史》、《美国内战史》等。——译者

② 据《圣经》中《创世记》的记述，亚当是人类的始祖。——译者

现的最古老人类文明的精巧的高级阶段的遗迹，简直很难判断是六千年以前的遗迹。然而，也完全没有必要认为，这是人类第一次上升到这么一个文明阶段。

让我们假设，最少在过去30万年间，人类的业绩和进步有些值得谈谈的事；假设我们很幸运拥有关于我们人类在这段时期发生的变化的最概括的论述，一页专说每一千年。在我们这本三百页的小书中，只有最后六七页能说明整个时期，因为最后六七千年有记载（按其普通意义）存在，哪怕是最不充足和最残缺不全的记载。或者，我们举另一个例子来说明，让我们想象历史好比一个大湖，我们热切地盯着那较混浊的湖底深处看，有理由认为它最少有25英尺深，或是50英尺深，或是100英尺深。在湖面下四五英尺处，我们看出有极稀少的生命活动的迹象，“稀少且分散”；六七英寸往下，生命的迹象虽很丰富，但是在那个深度，可以说我们并没有察觉有生命的东西在活动，因为在三四英寸下面就很难看清了。如果说老实话，我们一定得承认，对于出现在距水面超过1英寸的任何东西，我们都无法清楚而充分地看清，实际上，超过半英寸就很难看清了。

基于这一看法，历史学家不是往后扫视地球处于幼年的远古年代，他的注意力似乎只限于他所处的年代；拉美西斯二世[①]、提格拉—帕拉萨[②]和所罗门[③]似乎实际上与恺撒、君士坦丁[④]、查理

① 埃及国王（公元前1292—前1225年）。——译者

② 亚述国王（公元前约1120—前1100年）。——译者

③ 以色列国王（公元前约973—前933年）。——译者

④ 古罗马皇帝（公元274—337年）。——译者

曼[①]、圣路易[②]、查理五世[③]、维多利亚[④]。是同一时代的，培根、牛顿和达尔文不过是泰勒斯[⑤]、柏拉图[⑥]和亚里士多德[⑦]的幼小的同时代人。让那些企图确定人类进步还是衰退的规律的人歇一下吧。这就像花一周时间观察一个 40 岁的人的举动就试图断定他是否有发展可能一样。对一些历史事件的任何近乎充分的记载不会上溯到三千年以上，就是这种记载，仍然有两千多年是非常不完全和不可靠的。我们拥有覆盖希腊和罗马时代的少量的、往往是非常残缺不全的文字历史，还有很多碑文和一些重要的考古发现的遗迹，但是我们对于许多重大事情仍然很茫然，有关罗马帝国的原始资料很糟糕，蒙森[⑧]都不愿用来撰写罗马史。只是到了 12 世纪和 13 世纪，中世纪的年代记和编年史才开始得到各种各样的文件的补充，使我们得以直接接触到当时的生活。

然而读历史的人谅必往往会得到一个印象，以为我们这门学问的原始资料，最少就近两三千年来看，分量可以说是与深度等量齐观的。当他看到关于早期教会的或是罗马帝国的卷帙浩繁的记

① 法兰克国王(约 742—814 年)。800 年称帝。——译者

② 即法国国王路易九世(1226—1270 年在位)。——译者

③ 神圣罗马帝国皇帝和西班牙国王(1500—1558 年)。——译者

④ 英国女王(1819—1901 年)。1837 年即王位。——译者

⑤ 活跃于公元前 7 世纪的古希腊哲学家、天文学家、几何学家，古希腊七圣人之一。——译者

⑥ 古希腊哲学家(公元前约 429—前 347 年)。——译者

⑦ 古希腊哲学家(公元前约 384—前 322 年)，柏拉图的学生。——译者

⑧ 德国历史学家(1817—1903 年)。著有《罗马史》。——译者

述，或读了达恩[①]或霍奇金[②]的关于野蛮人入侵的鸿篇巨著，便以为是作者把在长期搜索研究的过程中挖掘出的丰富材料，花费多年心血加以压缩并以文学方式写成的，这种看法情有可原。很少有人料到，过去的历史学家的工作不是压缩材料，正相反，是把那点单薄的知识加以夸张膨胀，直至其气泡膨胀到使它的灿烂色彩足以吸引甚至最漫不经心的观看者注意，并获得他们的赞赏。霍奇金的比较老式写法的《意大利及其入侵者》一书，要是把那稀少的材料予以审慎地压缩成一卷，可能也能包含有作者认为适合写成 8 卷专著的、那些我们所听说甚或一知半解的事情的全部内容。

但是我们不应匆匆做出结论说，历史著作家是个罪大恶极的人。首先，我们不应忘记，长期以来，传统上他是个搞文学的人，这毕竟不是件坏事。其次，对于他找到的事件记述材料，除非这些材料与同一事件别的记述材料有矛盾，或者看来根本不可信，否则他会像其他人一样经受不住强烈的引诱，按这一记述材料好似有理的表面价值接受下来。最后一点，他像其他人一样，成了尼采[③]所说的“梦的逻辑”的牺牲品。我确信，我们经常没有充分估计到这种长期形成的倾向，即甚至是具有很高文化修养的人，也会把仅仅是一点暗示或提示本能地添枝加叶予以发挥和扩大为一幅完整而生动的画面。

① 德国历史学家和诗人（1834—1912 年）。历史方面著作有《日耳曼诸王史》等。——译者

② 英国银行家和历史学家（1831—1913 年）。著有《意大利及其入侵者》（7 或 8 卷）、《英国政治史》（12 卷）等。——译者

③ 德国哲学家（1854—1900 年）。——译者

我们用尼采举的例证来说明，当我们躺在床上，觉得我们双脚脚底摆脱了我们在醒时已习惯了的常有的压力，这种模糊的感觉要求一个解释。我们的梦的解释是我们正在飞翔。梦的逻辑不肯半途而废，还造出一间房间或一幅风景，让我们进行梦幻般的实验。还有，正像我们正要睡觉或要醒时，我们常常能真实地注意到，有时在我们闭着的眼睛的视网膜上会出现一道闪光，这道闪光会被无意识地解释成某个人影或其他物体的幻象，像幻灯片一样清楚。现在任何人都能证明，在我们清醒时，梦的逻辑或“心灵的眼睛官能”都没有离开我们。正如尼采所猜想的，事实上，这很可能是我们野蛮的祖先传给我们后代的一部分遗传以及其他麻烦的事。无论如何，这些是精神迷乱现象，具有文学传统的历史学家特别需要警惕这点。听说就是自然科学研究者有时也会让他的“心灵的眼睛”张得过大，但是他绝不会像历史学家那样易被梦的逻辑误导。这不一定是由于科学家的自制能力比历史学家强，而是因为他的工作较简单，以及他的知识大部分是明白无误的。

如前面已指出的，每一个研究人类过去历史的人必须明白，历史学绝不会如同物理学、化学、生理学甚至人类学一样成为一门科学。各种历史现象异常复杂，我们没有办法直接观察这些现象，更不用说把历史事实加以人工分析和试验了。在人类在地球上生存的大部分时间中，我们对其历史上发生的事件丝毫不了解，只是到了印刷术发明以后，我们的原始资料才总算丰富起来。受过自然科学训练的作者，曾想教历史学家如何使用历史材料，但是他们普

遍地根本不了解历史学家必须进行工作时所处的环境和条件。[①]

七

但是历史学要成为具有科学性的学科，首先应成为以史料为佐证的历史。十分奇特的是，我们现在视为具有严格的历史重要性的东西，19世纪以前的历史学家几乎都没有注意到。他们按照自认为会吸引读者兴趣的方式来叙述这些过去的历史事件；他们评论这些历史事件也是出于教导读者的目的。他们下了些工夫去查出事情实际是怎么样的——“它本来是什么样的”。就这一点来说，他们是科学的，尽管他们的动机是文学的、道德的或宗教的动机。然而，他们一般没有试图推断事情是怎么发生的——“它怎么会变成这样”。两三千年来，历史主要还是对过去的事件的记载，这个定义仍然能使那些不动脑筋的读者满意。但是，描述过去的事是一码事，而确定事件是怎么发生的则是另一码事。

在这里，我们不可能探索这种关注历史事件怎么发生的兴趣的起因和逐步发展的过程。这种兴趣现在很浓，其主要原因可能

① 例如，德雷珀在其著名的《欧洲思想发展史》中，要证明他认为被历史学家所忽视的两大真理：“社会进步就像躯体成长一样完全受自然法则的控制，而一个人的生命就是一个民族生命的缩图。”但是他根本没有提示，他曾为这些危险的命题搜集证据操心过一点点；在他的书中，也没有就他所主修的可按其科学的关系来解释的过去的历史提出任何原始资料。不久前，波士顿一位医生出版一部关于遗传的书，在书中他斥责历史学家十分浅薄，然后根据在托马斯的《人名词典》这种古老的普通便览上找到的材料建立了王室遗传的理论。

由于现代人强烈意识到变化的现实和必然性，这方面很多事例不断地迫使我们注意。希腊历史学家在叙述历史方面很少或没有什么背景。我们惊讶地注意到，修昔底德轻蔑地丢弃了哪怕是前一代的所有记事，认为只是些不可靠的传说。波利比乌斯着手做追溯罗马版图的逐步扩张情况的工作，但没有什么迹象表明他对历史连续性有任何清楚的概念。在中世纪无疑有一种观点，认为地球是一出神圣戏剧的舞台，戏剧的结局是明确区分良莠；但是这种超自然的历史连续性是神学的而不是科学的。在世俗事情上，中世纪的人几乎不懂得"时代错误"这个词的意义，文艺复兴时代的画家毫不犹豫地把耶稣被钉在十字架上的受难像画在圣婴出生的马槽上。他们的同时代人似乎对此也没有觉得有什么不恰当之处。

直到18世纪，人类无限进步的可能性方成为改革者兴奋谈论的学说，这类人以前曾以"过去的美好时光"的名义攻击现存的弊病。现在他们发现，改革不应从过去而应从未来、不是从倒退而是从前进中获得支持，没有比这更重要和更具有根本意义的发现了。[①] 人们越来越明白，世界的确是变了，到了19世纪中叶，认真思考的历史研究者开始接受历史连续性的学说，这一学说也开始影响他们研究的动机和目的，这是前所未有的。

历史连续性的学说的根据，是人们注意到的这个事实，即所有的人类制度，所有的被人们普遍接受的思想，所有的重要发明，都只不过是漫长的发展进步过程的总和，就我们的耐心和方法所能

① 参见本书第八章"用历史眼光来看保守精神"。

及，可以回溯到很远。陪审团制度、戏剧、格林式机关枪、教皇制度、字母 S、“按照过去判例”的法律，每一项都是从其先前的事例中获得现在的样式的，这是可以科学地追溯的。但是没有一项人类利益是与无数同时共存的利益和决定的环境条件隔绝的。这一情况就使我们产生了变革连续性的更宽广的概念，这是由于人类事务的复杂性引起的。某一种制度或习惯可能会发生有点突然的变化，但是突然发生社会普遍的变化则几乎是难以想象的。由于环境变更，由于丧失亲人之痛或病情恶化，一个人可能迅速地发生根本性变态，但是就是这种情况也是罕见的。我们如果留意个人的所有习惯和兴趣，就会发现，只有在极其异常的情况下，许多习惯和兴趣才会在瞬间发生改变。一个社会由于许多明显的原因，要比个人保守得多得多。因此，历史的连续性是个科学的真理——这一点也不应过分强调——力图追溯变化的缓慢过程是一个科学的问题，实质上是个十分吸引人的问题。正是由于这一法则的发现和应用，使历史与文学及伦理学区别开来，在某种意义上，把历史提高到科学的崇高地位。

八

历史迅速发展的分门别类的专门化，是更为严格的科学的规范化的结果，这就向历史研究者提出一个新的根本性问题。如果各门学问现在都已成为历史性学问，那还需要一般的历史吗？如果我们对政治、战争、艺术、法律、宗教、科学、文学都从其发生发展研究起，历史会不会不可避免地分化瓦解成它的各个有机构成的部分？剑桥大学的西利教授[①]认为会的。他在 20 年前就曾宣称，历史毕竟只不过是些残留物的名称，“是一批又一批的历史事实陆续被一些科学据为己有后剩下的残余；现存的残留物一定会同其他历史事实一样，不久就会有一种科学占有现在仍无疑属于历史的财产的一些历史事实”。

我现在必须论述的最后一个问题是，历史在取得很大进展后，是否注定要丧失本身的灵魂。让我们假定，历史的分门别类专门化已做得十分完善，已有记载的人类过去各个不同的方面，各种制度、思想感情、概念、发现、成就或失败已按照现行的科学分类，在具体的分科研究的历史性探讨中找到自己的位置，这一专门化的过程会从许许多多方面纠正历史，扩大和加深历史学的作用，不是摧毁它，而是正相反，倒是十分明确地证明它是绝对不可少的。人类的种种事情和变化，并不适合通过关于某些特定的社会的教会组织、军事组织、他们的法律诉讼程序、农业体系、艺术、家庭生活习惯或关于高等教育的看法等的一系列专题著作，做详尽无遗的探讨。许多重大事情，当我们试图将之纳入一个简单划一的科学的狭小范畴中，就会证明是很难对付的。物质的、精神的和思想的现象在生命和变化的过程中不可思议地相互作用，研究和描述这些现象和情况的工作就落到历史学家身上。

人类远不仅是他的可以科学地分类的各种活动的总和。正如水是由氢和氧构成的，但是水既不像氢，也不像氧。要是把人类的

---

① 英国历史学家（1834—1895 年）。著有《英国的扩张》、《拿破仑一世简史》等。——译者

宗教的、艺术的、经济的、政治的、思想的和好斗的各种属性予以科学地分开研究，那就太不自然了。对这些特性可以单独地进行研究，且有有利的一面，但是如果没有人进行总体过程的研究，那么这种分门别类的专门研究将导致十分荒谬的结果；历史学家就是进行这种总体过程研究的人。设想一下，假如热爱各种不同社会科学的人对十字军东征、抗议宗教反叛或法国大革命各就其特别感兴趣的事着手描述。当他们完成之后，还不是得由历史学家利用他们已完成的所有研究，连同被他们都略去的部分在内，并纠正各个专业者由于对全面情况无知而产生的错误，而把历史重述一遍吗？

乍一看，似乎那些最熟悉各自的专门研究科目，诸如宪法、植物学、神学、哲学、绘画、化学、经济学、医学的人，才是唯一完全有资格研究其历史的人；但是各门科学专家很可能有两点不利情况：第一，他对本门学科的原理十分熟悉，使他难以想象在他所感兴趣的概念背后，历史上遥远而不熟悉的情况。第二，发现、利用和解释历史材料似乎要求人们经过长期的专业训练，这只有专业的历史研究者才可能具有。历史学家经常为那些由于在历史研究方面缺乏经验的人总要暴露出来的某些粗劣见解而感到吃惊。尽管这些专业者对自己研究的学科拥有更多的知识，他们都会犯一些历史学家不会犯的错误。这种情况无疑说明，我们还没有差堪满意的自然科学史或各个专门学科的历史这一事实。人类思想和活动的某些重要阶段，受过训练的历史学家在掌握其技术性细节方面不会有什么特殊困难，足以令人满意地进行研究。事实上，就连最精细的现代科学，包括数学在内，二百多年前都十分简单，足以使一个受过充分训练且对某一人类事业抱有点兴趣的历史研究者能

够追溯其从古代至晚近的发展过程。所以，随着时间的推移，结果是历史研究者将越来越专业化，并会补充现代各科学分析研究者通常不能满足人们的不足之处。关于这个题目，将别是关于思想史，我们将在后面有一章多谈一些。

我曾经坦率地揭示历史学家的无知；历史学家非常谦虚地承认了，并通过应用高度科学的方法种出种种努力来弥补不足。此外，他还与各门社会科学中力图为他们的工作追溯过去历史的代表们共同研究历史。我相信，历史学家会对解释当前状况越来越感兴趣，而且也很幸运，他所拥有的近二三百年的原始资料比起整个早期世界史的全部史料还要丰富和令人满意得多。他对拥有原始资料进行鉴别和编制索引，使其可为人们所利用，在过去50年中这方面工作取得的巨大成就，达到使一个不熟悉这方面情况的门外汉感到很惊讶的程度。

现在我们已用母奶来浸泡孩子，我们已用历史的方法来解释历史。从狭义的科学观点来看，历史学家比作家地位稍高一些，但却比天文学家或生物学家低得多。然而，他不需断绝与文学的联系，因为这种联系是非常高尚的，但是今后他应立志，不仅要确切弄清楚事情是怎么样的，而且要发现事情是怎么发生的。他将仍然是一些社会科学的鉴定家和领路人，必须把它们的成果加以综合研究，并按过去出现的人类实际生活予以检验。他的工作是如此迷人且笑容丰富，无疑将逐渐吸引住他的全部精力并使他早晚会疏离文学。历史学家对于他的天命已越来越明确，因为从来也没有一个诗人或戏剧家会提出一个比他的理想更崇高、更鼓舞人的理想，或一个会对想象力和表达能力有更多要求的理想。

第三章 历史学的一些新伙伴

一

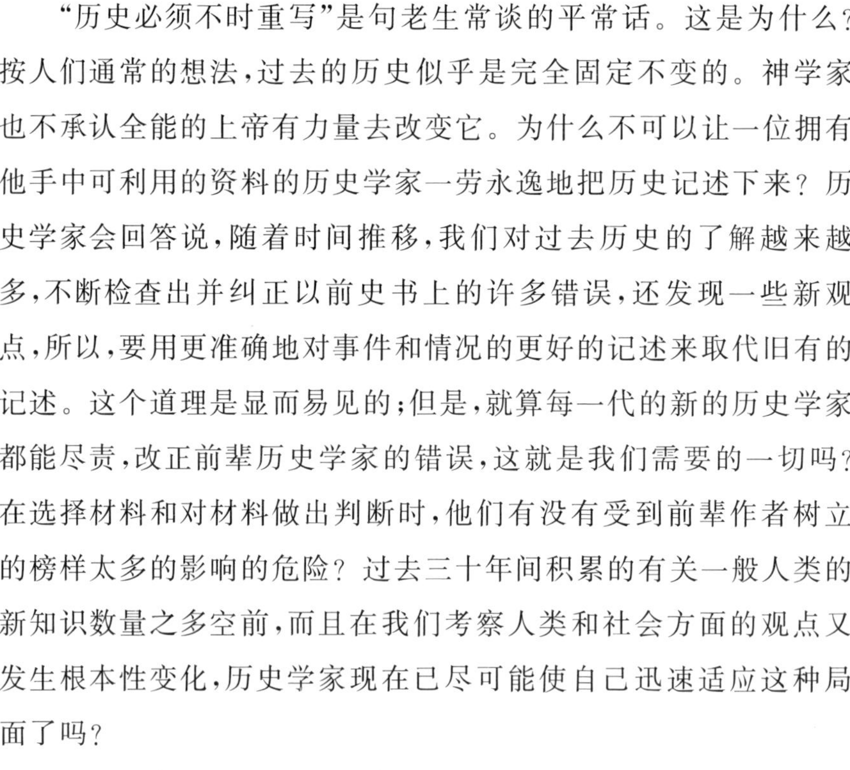

“历史必须不时重写”是句老生常谈的平常话。这是为什么？按人们通常的想法，过去的历史似乎是完全固定不变的。神学家也不承认全能的上帝有力量去改变它。为什么不可以让一位拥有他手中可利用的资料的历史学家一劳永逸地把历史记述下来？历史学家会回答说，随着时间推移，我们对过去历史的了解越来越多，不断检查出并纠正以前史书上的许多错误，还发现一些新观点，所以，要用更准确地对事件和情况的更好的记述来取代旧有的记述。这个道理是显而易见的；但是，就算每一代的新的历史学家都能尽责，改正前辈历史学家的错误，这就是我们需要的一切吗？在选择材料和对材料做出判断时，他们有没有受到前辈作者树立的榜样太多的影响的危险？过去三十年间积累的有关一般人类的新知识数量之多空前，而且在我们考察人类和社会方面的观点又发生根本性变化，历史学家现在已尽可能使自己迅速适应这种局面了吗？

历史研究者所接受的通常训练趋向于给他留下的印象是，历史比它的实际情况要固定得多和明确得多。他知道以前已有许多人为建立历史的“概念和本质”而殚精竭虑、辛勤工作，许多论文的主题是方法论，人们还曾警惕地保护着想象中的历史学疆域，怕各种科学竞争对手侵占。此外，他发现许多历史著作的精神和内容非常一致，因而他推论，如果他必须研究一个意义相当明确的题材是会得到原谅的，因为这个题材可以按照一套已有规定的明确准则来进行研究。然而，我倾向于认为，这种心态是一连串严重误解的结果，这妨碍了历史研究的正确发展。在继续谈下去之前，我们须稍停片刻来研究“历史”这个名词含糊不清的意义。

首先，历史学本身就有一些漫长而多变化的历史，本文前面已做了简略的概述。它的题材、目的和方法在过去已呈现出广泛的变化，我们一旦看出这些变化的主要原因，就会联想到历史研究未来会有许多可能性。如我们已看到的，历史有些勉强地、部分地适应了相继的各个时期的一般见解，随着时代变了，它也变了。其次，由于当今那些自认为是历史学家的人所实际进行的历史研究范围是如此广大，以致排除了把历史归入意义明确的范畴的可能性。例如，像吉本那样，历史学家可以以普罗科皮乌斯的关于阿拉里克攻陷罗马的“未必有的故事”中摘取一些也许会有的情节。他可以研究推断古希腊疟疾的流行，或判断自克罗伊斯[①]以后小亚细亚空气湿度是否已经改变，或研究法国在1789年至1800年期间发行的400亿法郎的产生的结果。至于方法方面，要断定一件

① 公元前6世纪吕底亚的国王。曾征服周边一些民族，财富无数，后被波斯居鲁士战败、俘虏。——译者

所谓“原始石器”与一件未经人类修琢成形的普通燧石碎片之间的区别，一种特殊训练是至关重要的；为校订编辑罗杰·培根[①]的《大著作》令人满意的版本，是需要另一种训练。要对路德关于《新约》中《罗马人书》第1章第17节中“虔信上帝”的话的解释是否有创见做出审慎的判断，需要事先进行一些研究，而这对于我们要是要找出俾斯麦关注老年人及残疾人保险的动机的研究就不相宜了。我认为，我们要是放弃为历史下定义的一切企图，并承认历史学家的任务就是发现他认为有意思和重要的任何有关人类过去历史的事物，且这方面有许多原始资料，那就会得到安慰并使脑力得到休息。

而且，历史学能否向前发展和取得成绩，取决于它不把本身与其他学科区分开来作为单独的学科，并要保卫自己免受不时出现于其领域的好像是敌对的科学的侵占。要是这么做就是误解了科学进步的条件。现在没有哪一组的研究者能再主张拥有哪怕是在极小极小的科学领域的独立管辖权，要是他们捍卫这类权利的主张成功，那就没有比这对他们更是致命伤了。人类进行研究和思考的各个知识范围的界限本来就是临时性的、不明确的和变化不定的；而且区分的界线相互交错，因为真正的人类和他们所居住的世界是如此错综复杂，使一切划分界线的努力都难实现，甚至最有耐心和精细的德意志人，他们要为自然现象中任何人为区划的门类——不论是言语、思想、行为、力量、动物、植物或是星辰满意地

---

① 英国哲学家和科学家（约1214—1294年），英国方济各会修道士。他很强调数学和实验的重要性，预言会有汽船、飞机等出现。著有《大著作》等书。——译者

而且永久地建立“概念和本质”也不行。每一门所谓科学或学科，总是要依靠其他科学或学科的，它从其他科学中产生，并有意识地或无意识地靠其科学的帮助，获得了进步的很大部分机会。

像J. F. 肯普教授，他曾很谦和地谈到他自己的研究学科地质学，他认为如果没有那些必然走在它的前面的一些姊妹科学的帮助，地质学就不能发展成熟。“要不是物理学、力学、天文学、化学、动物学和植物学的帮助，就不可能理解整个巨大的、圆形的地球。”地质学不仅早期的成长“是建立在一些姊妹科学的基础上，而且现在也随着它们而进步，主要依靠他们的支持，然后做出贡献回报使它受益的各门科学”。历史研究者在对待他自己的广大研究领域上也应采取同样的态度。如果历史学要达到最高的发展，它必须放弃一切个体主义的念头，并认识到历史学只不过是研究人类的几种手段之一。它必须承认，像地质学、生物学和大多数其他科学一样，历史学也是以一些姊妹科学为根据，只能与姊妹科学共同进步，必须主要依靠它们的支持，并在我们对人类的全面了解方面做出贡献以回报。无论历史学可能是什么样，它总是关注、研究人类的。假如历史学家忽视那些以不同于传统的历史研究者的方法来研究人类并取得各种各样的发现，那不是极其愚蠢和妄自尊大吗？

为了解历史学家的现状，我们必须回溯到19世纪中叶，当时，历史学家第一次开始明显地受到近代科学精神的影响。如我们已看到的，以前它曾是文学的一个分支，具有明显的文学目的，当时历史学不是为了神学理论被唆使作伪证，就是被要求去激励人们的爱国主义自豪感和竞争精神。但是约60年前，历史研究的一个新时代开始了，这个时代取得一些成绩，其特点多少可以证明历史

学家们不时感到得意是有理由的。在我看来，这些成绩中最显著的有四，如果我没弄错的话，历史学家取得的所有这些成绩，主要应归功于自然科学的范例和影响。首先，他着手检验和研究原始资料，比以前严谨得多，并部分地或全部地否定了他的先辈曾盲目相信的许多根据。第二，他决心像一个人那样，说明事实真相，不顾可能伤害了别人的感情。第三，他开始认识到，过去历史上不显眼的、普通的且往往是晦暗不明的因素极其重要；简单的、平淡无奇的和通常的事物与过去曾吸引了大多数早期作者注意的稀有的、轰动一时的和情节离奇的事物形成对照。第四，他开始摒弃超自然的、神学的和以人类为宇宙中心说的对历史的解释，这曾经是历史理论家惯用的手段。我并不打算详细论述这些成绩，因为没有人想质疑这些成绩的根本性质。历史学家花费了巨大的劳动才取得这些成果，这也是想达到任何令人满意的进步的重要开端。可是，这些成绩是否不仅仅是重要的开端？如加以考察，难道没有证明具有消极的性质吗？下决心把你曾费心尽力验证的结果如实说出来，重视平常的和普通的事情而不是轰动一时的和异常的事情，放弃用诉之于上帝或魔鬼的理由作为历史解释，这些都只不过是为重写历史做准备，这些成绩提供了发展进步的必要条件而不是发展进步的方案。而且，这绝不是全部必要的条件。历史学家还需要做一些必不可少的进一步的准备工作，才能够希望了解过去的历史。

威廉·托马斯教授说得很好：

“人们所普遍接受的关于生命和地球的进化论观点，已对心理学、哲学、伦理学、教育学、社会学以及一切研究人类的科学发生了深刻的影响。这一观点涉及人们所承认的一个事实，即生活中没有一个情况可以只根据它眼前的情景来得到全面的了解。人们认为一切事情都有其起源和发展的过程，我们不能忽视其发生和变化的阶段。例如，心理学家和神经病学家现在要想了解人类大脑的活动和结构，已不单单通过对成人大脑的研究。他用观察幼儿的大脑活动或研究幼儿的大脑结构来补充对成人大脑的研究。他还从问题眼前的许多情况做进一步的研究，他观察猴子、狗、鼠、鱼、青蛙以及各种具有神经系统的生命，在不只有单细胞的动物的脑力活动和脑子中，在每一项研究中，他都有可能得到启发，理解大脑结构和脑力的意义。在低级动物的大脑中，结构和内涵是显而易见的，从研究较简单的类型逐步转到研究较复杂类型的过程中，研究者注意大脑结构和功能一点一点的改进，最后就能够领会到，或者非常有可能领会到，人类的器官非常复杂。”

看来这一具有极大价值的发展理论的发现者应该来自历史学家，但是，够奇怪的是，首先理解历史意识的充分意义的不是他们，而是由动物学家、植物学家和地质学家提出来的。更糟糕的是，不妨说尽管自然科学家已充分发展了这一理论，可是历史学家迄今还只是偶尔利用这一发现，而且，较之比较解剖学或社会心理学，历史学仍然是不太严格具有历史性。就是在近年的一些历史著作中，我们发现，在事件和情况的叙述方面，作者还是未能领悟到，一切事物都有一个起源和一个发展过程，我们不能够忽视事情的发

生和变化的阶段，“生活中没有一个情况可以只根据它眼前的情景就得到全面的了解”。当然，历史学家长期以来一直在谈一些帝国的“兴”与“亡”，一些制度的发展与衰落；近来他已很注意制度的发展过程，在这方面他也采用了研究发生发展的方法；虽然如此，在他的整个工作的背后，仍然是我们可称之为对过去历史分成片段的论述方法的悠久传统。人们发现他仍在为描述事件“它本来是怎么样的”做无益的努力，而不知道“它怎么会变成这样的”。例如，民众对法国大革命的误解，是由于历史学家急于描述从1789年以后的一些触目惊心的事件，而不是根据大革命前的一些事件来对此做出解释，这些此前发生的事件只在导言一章中做了一般的草草交代，没有为读者了解后来发生的事件提供足够的线索。人们对“文艺复兴时代”的看法是彻头彻尾错误的，这是由于布克哈特和西蒙兹对于这个时代以前的情况的无知。对于一个没有仔细研究过4世纪的“宇宙观”的人来说，中世纪文化也仍然是一个难以理解的东西。

历史学家仍然使自己处于这样的状况，像是一个人睡在一张陌生的床上醒来，希望通过仔细清查房中家具来弄清他在何处。通过回顾过去，才能消除这种陌生奇怪的感觉并了解自己所处何方，这种情况就像一个简单的历史性理由，一个人从芝加哥出发去旧金山，由于耽误，不得不在奥格登过夜。又例如，要是历史学家会对1692年塞勒姆村的情况做最详细的描述，告诉我们伪善的大主教的地下酒窖四面墙的所在，正是在这里找到致命的“玩偶”，并指出尼希米亚修道院院长的公牛在什么地方被一根萝卜哽住而遭遇一个不合时宜的和可疑的结局，我们仍会很难理解新英格兰事务中可悲的危机，因为真正的重大问题是，为什么我们虔诚的祖先要把被指控与魔鬼有来往的一些老妇人吊死？[①] 只有懂得一些关于比较宗教和基督教会史的知识，才能把问题弄清楚。科顿·玛瑟[②]是一种迷信情结的可怜的受害者，对于这种迷信，新教改革者并没有采取什么措施来克服或削弱。[③] 即使对他当时的周围环境进行最虔诚的研究，我们也不能理解他。

近代历史研究者的专门化研究的倾向，他想要掌握某一个领域的愿望，常常会阻碍他真正理解哪怕是他觉得似乎最了解的事物。优秀的历史著作（这种著作非常少）与许多普通的历史著作的区别就在于，作者有否历史意识。这种意识较之迄今公认的会有大得多的发展，[④]因为一切历史论著若要既具有建设性又具有教育意义，并不仅限于积累历史原始资料，最终就会充满具有历史意识的观点。

历史学家们从那些好像距他们很遥远的一些领域的工作者受惠很深的绝不仅是历史意识的观点。19 世纪后半叶发现了两件极其重要的历史性事实，它们没有一件可以归功于历史学家。证

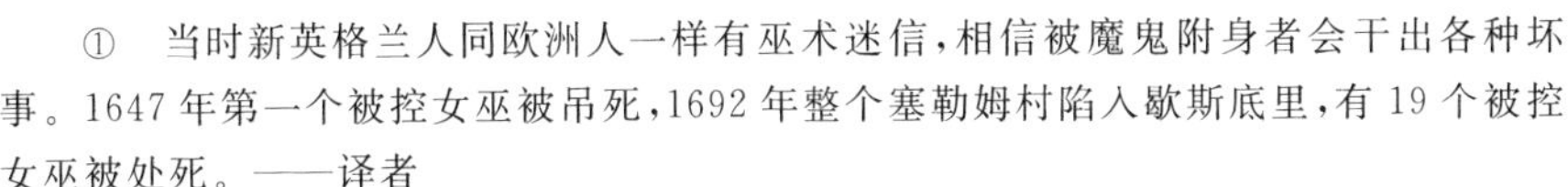

① 当时新英格兰人同欧洲人一样有巫术迷信，相信被魔鬼附身者会干出各种坏事。1647 年第一个被控女巫被吊死，1692 年整个塞勒姆村陷入歇斯底里，有 19 个被控女巫被处死。——译者

② 波士顿的牧师，写过很多书，他的《难忘的无道》（1689 年）激起新英格兰人对女巫的好奇心；他后又提倡种牛痘。——译者

③ 见本书第 117 页及以下诸页。

④ 历史学家一般认为，写我们当代的历史是不可能的，历史的方法不能应用到近年的事件上，关于这个问题可以写一篇有意思的论文。那些人一会儿宣布这一原则，过一会儿又随便地承认希罗多德是最伟大的历史学家，他可是只限于写他那个时代的事情的！了解我们自己的时代是十分重要的；我们只能通过了解历史才能做到，满足这一要求显然是历史学家的职责，是他的主要责任。

明人类是从低级动物发展起来的是动物学家，而正是一位英国地质学家首先把一些证据集中在一起，明确而系统地证明，人类在地球上居住不只是6千年，而可能是60万年前。历史学家的方法和见解妨碍他去做这类发现。他可以为自己开脱说，他之所以未能察觉这些事实是因为，他完全不熟悉用来分辨人类的动物祖先及其浩瀚的古代的材料。姑且承认他的辩解是恰当的，但是人们或许会问，在达尔文、莱尔[①]以及其他人已向他指出这两件重大事实后，他是否已十分重视这些事实。他显然很缓慢才做到。对于上一代的历史学家来说，这是新事物，在兰克或班克罗夫特看来，这似乎与他们的工作毫不相干。就是在今天，我发现这一行业的成员中，有些人还倾向于否认人类是从低级动物发展过来的，这严格说来是一个历史事实，尽管他们会承认亨利二世是征服者威廉的后裔是一个历史事实。

而更重要的是，大多数历史研究者坦率表示，他们认为人类的起源或其在地球上居住的漫长历史，与他们从事研究的问题无论如何不会有什么明显的关系。在这点上他们也许是完全对的。的确，进行大多数历史研究是可以不涉及人类起源的问题。如果你力图推翻887年7月1日胖子查理[②]是在英格莱姆或是鲁斯特瑙，那么研究皇帝的祖先是否在凉爽的黄昏与造物主说话还是四足爬行和睡在树上就无关重要了。如果你正在要确定俄亥俄河上一些

① 英国地质学家（1797—1875年）。著有《地质学原理》、《古代人类》等书。——译者

② 法兰西国王和神圣罗马帝国皇帝（839—888年）。887年被废黜。——译者

法国要塞的位置，或是描述法国王后玛丽·安托瓦内特对米拉波[①]反感的原因，那对于海德堡挖出的人的颚骨是可以不予理会的。整个历史研究领域的发展不仅可以不关注人类起源问题，而且也不用试图了解人类本身是怎么回事。但是，有许多或许是更重要的领域，我相信以后情况会变得很明显，研究者应该了解关于人类的一切发现，这是至关重要的，除非他甘冒学问肤浅和出错的危险。[②]

二

于是，当历史学家忙于尽力使历史具有科学性时，如我们前面已看到的，他却让自然科学研究者去充分地证明具有历史意识的好处，并做出关于人类的两个发现，比吉斯布雷希特、魏茨、马丁或

① 法国大革命中温和派的政治家(1749—1791 年)，出身贵族。——译者

② 为避免别人怀疑我曲解了可称作正统的历史研究者的观点，我请求读者注意一下耶鲁大学的乔治·亚当斯教授 1908 年 12 月 29 日在美国历史学会上发表的演说。他描述了他称作针对公认的政治历史学家的方法、成果和理想的五种敌对运动。这些“攻击”来自政治学、地理学、政治经济学、社会学和“民众心理学”。他说：“50 多年来，历史学家曾占有这个领域，并且认为，断定事实是怎么回事，包括形成事实的当时条件是什么，是他能胜任的使命。而现在他发现在同一领域碰到一群群咄咄逼人的和自信的工作者，他们并不问事实是怎么回事——许多人看来对这些没有什么兴趣——而是不断地问历史的最终解释是什么，或是较谦和地问，决定人类事件的是什么力量和人类根据什么法则行动？这只不过是对历史哲学或历史科学新燃起的兴趣。……他们都断然主张，历史就是人类朝向一个明确的目标的有规则的前进，我们可以了解并说明控制人类在有组织的社会中的行动的法则。这就是我所描述的各群工作者的共同特点，也是他们各自最明显的特点。”(《美国历史评论》1909 年 1 月)。本文的目的就是要以与亚当斯教授不同的眼光来谈论这整个情况。

霍奇金对过去历史所发现的一切具有更大的革命性。现今，他显然不仅必须尽可能迅速地使自己适应一般学术形势中的一些新因素，而且应当决定他将采取什么态度对待诸多研究人类的新科学，这些新科学通过自由应用进化论，已取得了不起的进步，现在已能够纠正历史学家所做出的、普遍为人们所接受的一些结论，并且清除他脑子中许多自古以来的误解。关于研究人类的一些新科学，我指的是广义的人类学、史前考古学、社会心理学、动物心理学以及比较宗教学。政治经济学已经对历史产生影响，至于社会学，我认为主要的是一个十分重要的观点，而不是一大堆关于人类的发现。这些新的社会科学，各自以其特殊的方法来研究人类，已经完全改变了许多专门名词的意义，历史学家一向惯于按现已遭到怀疑的意义来使用这些名词，诸如“种族”、“宗教”、“进步”、“古代人”、“文化”和“人类本性”等。他们已使许多历史学家所持的结论失去作用，并且解释了许多历史现象，这些现象历史学家按他自己掌握的方法已不可能做出正确解释。让我们从史前考古学说起。

不论有史以前人类发展有多么重要，保守的历史学家一开始可能总想提出反对意见，他们认为由于几乎完全缺乏文件和记载，我们很不幸对这方面实际没有什么了解。他会承认，当然，史前考古学已揭示了一些人类手工制作的器具，大大先于埃及古墓中最早挖掘物；人们发现了一些头颅、骨头甚至骨骼，熟知这些事实的人没有谁会怀疑人类早在埃及文明发展起来之前已经在地球上住了无数的年头。但是，除了知道从远古保存下来的颚骨的形状、石器和骨器的性质外，我们对远古人类还能了解什么？如果我们觉得对戴克里先[①]或克洛维[②]时代的了解都很不充分,那我们推测穴居人的生活习惯是多么缺乏根据。

的确,关于穴居人的家庭生活我们仍然毫无所知,而且今后可能仍然不了解。然而,在远古残存的碑文出现以前,有关人类的大宗资料比例已很大,其重要性或许有一部分是被“史前的”这个不幸的老名词所掩盖。历史学家对一箱一箱的燧石的原始石器、短柄石斧、箭头、刮刀、刮画在骨片上的动物图画、新石器时代的陶片和铜“凿斧”等瞥了一下,由于对那些认为这些东西还有更多意义的人稍微有点瞧不起而产生厌倦情绪,认为这些东西只不过证明远古时代有野蛮人,与那些现在在远离文明地区仍可发现的野蛮人类似。然而,如果进一步仔细想想就会使他确信,“历史上的”与“史前的”区分根本是一种武断的区分。“史前的”原来指的是我们所掌握的在摩西[③]和荷马记述人类历史以前的这类人类,当时他们的著作被视为最早的残存的文学原始材料。

无论如何,按历史学这个名词的最全面的意义来说,应包括我们所了解的人类过去一切,不论其属于什么性质的材料来源。以研究人类初期历史为限的考古学原始资料,不仅往往在确实性上优于文学文献,而且在碑文和书籍出现以后,仍继续具有最大重要性。我们现在视为历史上的大量事情,既没有在碑文上也没有在书籍中有所记载。最早就定义明确并且明白无误的人类工具短柄

① 罗马皇帝,公元284—305年在位。——译者

② 法兰克国王,公元481—511年在位,墨洛温王期最杰出的君主。——译者

③ 公元前13世纪希伯来人的领袖,相传他率领希伯来人离开埃及返回犹太,于西奈山上受耶和华的十诫,创立犹太教。——译者

石斧，过去在欧洲南部、非洲、印度、日本以及北美都有使用，这不是史前史的事实，而是历史上的事实，正像有文字记载的，朱利乌斯·恺撒在月圆时第一次渡过英吉利海峡一样的历史事实，而且更为重要。

要是历史研究者仍然对所称的史前人类研究①不感兴趣，那他应想到，假如（这不是偶然的设想）最古老的短柄石斧是生活在20万年前的人类制作的，而他所研究的五千年至七千年的所谓"历史上的"时期，只不过是人类缓慢而断断续续地为我们现在文明打基础的时间的三十分之一或四十分之一。然而短柄石斧相对来说是件非常完善的工具，而且在地球上广泛散布，因而表明，在人类不会说话和不会制作工具的祖先到能制作短柄石斧的祖先中间还有一个先前的漫长进步过程。必须明白，要是我们忽视史前人类研究，就有容易失去透视现代变化的整个背景的危险。大主教厄谢尔坚持说，人类和地球上所有动物是在公元前4004年10月28日星期五由上帝创造出来的，这曾引起关于我们与"古人"的关系的大量浅薄谈论。古人实际上是我们的同时代人，我们已发展成熟，不再相信大主教的这一套了。

建议回顾一下，从柏拉图和亚里士多德到我们现代的短短期间，人类的智力既未增长也未减退，这似乎十分可能的。真的，我

① "史前的"这个术语与诸如史前人类研究（Palethnology，莫蒂耶提出的）一类的术语仍然是合宜的，因为试图研究人类在高级的而且实际上也很近的文明（我们最先见到的是埃及和巴比伦文明）出现之前各个发展阶段，涉及特殊的学术上的准备，包括例如对地质学和通过研究植物化石来研究史前人类生活方式的地质学分支要有些了解。

们能否设想一下，一群公元前5世纪雅典上流家庭的幼儿，和另一群当代高级知识分子的幼儿，他们完全与文明社会隔绝，并由狼喂奶或乌鸦喂食，这两群人就会开始进入野蛮社会阶段，使人联想到像黑猩猩。这样两群人中不时会产生具有卓越创造能力的人，但没有人能告诉我们，他们需要经历多长的时间方能说出一句句子、生起一堆火或把一块燧石打造成一把拳斧。也没有理由认为，两群人中会有一群人有胜过另一群人的优势，迈出进步的最初步伐。只有教育和社会环境才能使我们人类中的优秀者与比当今地球上所能看到的低级得多的野蛮人分开，这种野蛮人可能比仍然带有野蛮迹象的最低级的人还要低级。

历史著作家过去曾经、现在仍然极轻率地使用“种族”这个名词。大多数关于“种族”和人类起源于西亚的早期学说是由于《创世记》中的伊甸园、洪水和巴比伦人建通天塔时上帝使人们语言变乱不通[①]的故事，或有意识地受到启发，或无意地得到补充而来的。再举个例子，蒙森在他的《罗马史》第一章中提出雅利安人的理论，今天看来与早期的建筑通天塔故事的见解差不多一样天真和可笑。从人类可能最初出现在地球上的地质纪以来，水陆分布、气候和动物区系都发生过许多巨大的变化。自然环境的这些自然变化必然引起了各种迁徙和融合，再加上征服和入侵、奴役和杂乱的性关系，这些情况把毫不相同的人群混合在一起，产生了道德、风俗习惯和语言上纠缠不清的混乱。但是我们发现，历史学家无

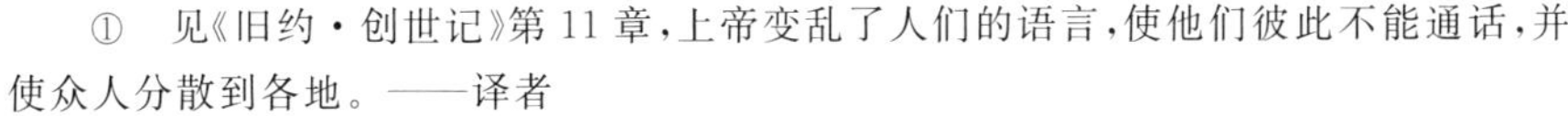

① 见《旧约·创世记》第11章，上帝变乱了人们的语言，使他们彼此不能通话，并使众人分散到各地。——译者

视这一切，还在大讲种族，好像我们仍然能够相信马克斯·缪勒[①]关于伊朗旷野与雅利安人散布的娓娓动听的故事。

这些实例足以具体说明，史前考古学对于一切历史研究者的重要性，因为他们如果忽视考古学的成果，就有陷于坚持古老的谬误之见的严重危险。然而，如果首先有文学记载可以利用，我们绝不会仅限于把我们见到的人类遗迹及其手工制品作为关于高度发展的文明必有的背景的见解。正如威廉·托马斯教授说得很巧妙："部落社会实际上是延误了的文明，而现代野蛮人就是某种同时代的祖先，"如果是这样，那些调查研究者，即人类学家，研究未开化人类的习惯、风俗、制度、语言和信仰，就能够为人们真正了解历史做出最伟大的贡献。从人类发展的观点出发，人类学可以被视为历史学的一个分支，与动物心理学是人类心理学的分支或比较解剖学是人类解剖学的分支是一个思想。

最少有一位著名历史学家已承认这一真理。爱德华·迈耶教授以题为"人类学原理"的 250 页的篇幅的内容作为他的增订再版的《古代史》的序言。他说："用这样一篇导言为我的著作作序，在以前会激起人们的惊讶并遭到许多评价我的著作的书的批评，那时大多数历史学家对这类问题完全不感兴趣。现在，当这类事已成为日常的事，就无须辩解了。……的确，这样一篇导言对于一部科学性的、表述首尾一贯的古代史是绝对必要的。"

然而，人类学对于历史学研究有帮助，历史研究者仍然很不明了，这部分是由于他对整个人类发展问题不关心，部分是由于他多

① 德国梵语学家和比较宗教学家(1823—1900 年)，著作颇丰。——译者

少是情有可原的怀疑，他担心如果我们企图用人类学理论和系统分类方案来解释过去的历史事件和情况，会有被误导的严重危险。

然而，一件工具，由于我们太愚钝，未能看出它的用途而弃之不用，是一回事，而由于提防被切伤而不用它则是另一回事。就是顽强而自满地忙于断定过去历史事实的历史研究者（除非他正披上上帝的盔甲防御历史学的合法边界免遭入侵），肯定也会发现人类学的价值。人类学会使他特别是在一切有关宗教或宗教制裁问题上或是在保守主义的基础力量的问题上，保持平稳的态度和敏锐的眼光，他经常以这种方式或那种方式研究这些题目。的确，没有哪门近代研究像宗教的比较研究这样打破陈旧的历史学概念，这是一门在原始资料和方法上既带有历史学性质，又带有人类学性质的科学。老辈历史学家未能非常深入地观察宗教现象，通常视那类宗教现象为理所当然的，关于宗教的起源也没有激起他的注意的兴趣。然而人类发展的各方面很少有像宗教发展方面证明更能说明问题。人们除了已揭示基督教早期教父们的神学吸引了远古和原始的种种迷信之外，还弄清楚基督教正教是宗教信仰诸说混合的结果。

圣日耳曼安莱博物馆的著名馆长所罗门·雷纳克先生告诉我，几年前，蒙森来参观收藏品，当时他既未听说过冰河时代，也不知道有图腾崇拜！他似乎以为这些名词是雷纳克先生自己独创编造的。现在蒙森当然属于近代最卓越的历史学家。他的著作之丰、质量之高是我们大家都熟知的。然而他对于史前考古学和人类学的两件平常事的无知，妨碍他正确看待罗马文明，使他不能透彻理解其宗教现象甚或法律现象。正如亨利·亚当斯曾简洁地

说，人类现在被看成是在一个非常漫长时期中的冰河时代的“应变量”，至于图腾崇拜，则被用来解释诸如马格德林时期[①]的黑暗洞穴中的壁画、犹太人憎恶猪肉、垒球队崇拜其吉祥物这类现象。基督教会的许多信仰和仪式现在可直接地或迂回曲折地回溯到图腾崇拜、精灵崇拜以及超自然力。

认识这一点的历史学家就会急于要通晓人类学和比较宗教学这一领域最富有启发性的著作，如果他过去没有做到的话。要是他读了比如说托马斯教授编选摘录的《社会起源资料集》，或已故萨姆纳教授的吸引人的《社会习俗》，或所罗门·雷纳克的《奥菲士》、科尼比尔的《神话、魔术和道德》，或德·摩根的《初期的文明》（仅举一些这类著作中的著名者），在他读这些书的过程中，如仍没有发觉自己关于过去历史的观念在发生根本变化，那他真是个头脑十分迟钝的人。

三

于是，关于我们与所谓“古人”的关系、关于一般的宗教特别是基督教、关于“种族”等的陈旧见解，已被那些通常不属于历史学家的人的研究做了重大的修改了。后者已证明老辈历史学家的推论很肤浅，并指出对过去的事件和情况做新的较真实的解释的方法。还有一些术语，如“进步”与“衰落”、“人类本性”、“历史的连续性”、“文明”等，历史学家虽然使用了，但却没有充分理解其含义。只要

① 指欧洲西南部旧石器时代晚期。——译者

稍懂点人类学，再加上社会心理学和动物心理学这些新联合的学科的知识，就会加深对我们所使用的这些术语的意义的了解，并纠正过去错误的理解。

才开始建立的社会心理学，是基于确信我们是从与他人交往中获得自我意识的观念的，自我是个社会产物，如没有他人，我们也就绝不会有自我。如乔治·H.米德教授所说：“不论唯我论在形而上学上可能或不可能，从心理学来说是不存在的。如果要一个人的自我存在，必然要有他人的自我存在。心理分析、回忆往事、对儿童和原始人类的研究表明，除非作为他人自我的对应部分，都没有一点点可以意识到自我存在的环境。”

乍一看，自我的起源及其对伙伴的依存关系的问题，与萨尔贡王[①]在位的年代、文艺复兴的意义或拿破仑关于入侵英国的可行性的看法这类历史问题也许距离很远。然而，历史研究者如稍了解与塔德[②]的名字特别联系在一起的近来关于模仿规律的讨论，关于我们的理智与从动物继承下来的较为原始的本能的关系的讨论，他对大量重要得多的事情的判断就会受到很大的影响。的确，如果没有社会心理学，就绝不能理解人类为何学习和传布他的许多发现和误解这个根本性的重大问题，总之，与类人猿有区别的人类文明的整个基本原理；而如果没有动物心理学，也绝不能理解社会心理学，单是这些研究就能够说明进步与退化的真实性质，这是历史研究者不能再漠不关心的问题。在一篇短论中要充分说明这

① 古巴比伦北部阿卡德王国国王(公元前约2635—约2582年)。——译者

② 法国犯罪学研究者和社会心理学的创建者(1843—1904年)。——译者

一多少令人不安的主张显然不可能，但是在我看来，这个问题非常重要，我要冒昧地简略谈谈这个关系。

首先，我们对很多事物的看法，像是很自然地，仍让自己受古老的人类中心说之害，这不是很清楚吗？这一理论曾长期为西方世界所接受，尽管过去60年间有种种发现，我们发觉，许多从过去传承下来未予改正的见解仍然潜伏在我们对事物的判断中。我担心，我们经常会忘记，人类的男人和女人，并不像马克·霍普金斯[①]及他那一代人普遍相信的那样，是上帝在一天里创造出来的。我们人类的生存，并不是一开始就具有纯洁而神圣的愿望，有高度发达的语言，有农耕知识，而是从动物祖先漫长血统进化传下来的，起初既不会说话，也不会耕种土地。所有过去曾经生活在地球上和现在生活在地球上的动物，包括人类，“可能是由于各种不同的远近血缘关系混合在一起的”。我们每个人都有一个血统谱系，可回溯伸延不仅是数百代人而是经历过自地球最初开始有生命后的所有地质时代。人类与类人猿躯体相似，长期以来一直是人们谈论的一个题目。爱尼乌斯[②]在两千年前对这一令人不安的发现曾说：“我们的祖先怎么与丑陋的动物猿猴这么相似？”随着近代动物学与比较解剖学的发展，更明白表现的躯体结构相似之处也揭示出来了；达尔文给这丑陋的动物画了一张草图，我们的满身是毛的祖先有尾巴，有能抓拿的双足，还有大犬齿。这一假设此后由于发现许多萎缩的肌肉和器官、返祖现象和只能根据进化论才得以

① 美国教育家和神学家(1802—1887年)。——译者

② 古罗马诗人(公元前239—前169年)。——译者

解释的病理情况而得到证实。但是，如果说我们的身体及其许多功能与动物中我们最近的近亲十分相似，那对于我们的脑子怎么说呢？是人类的脑子完全不同于他从之逐步演变过来的动物的脑子，还是人类的脑子也像人类的身体一样，永久保存着老的仍有用的以及不少或许现在只会妨碍我们或产生严重混乱的特点的？我们尚未学会说话的远古祖先的脑子，也许不仅在我们的幼年时代和患老年痴呆症时对我们有用，而且在我们遇到较简单的生命危急关头也起了正常的指导作用？我认为并非斗胆断言，所有动物心理学研究者都会承认，在人类身上永存的心理过程可以在其他灵长目动物身上观察到。如果这话没错，随着动物心理学研究的发展，也许我们可以指望这门学问研究会提供资料，使我们头一次能够发现并了解，实际发生了什么情况，使人类区别于他的低级的近亲动物？

比较心理学，或称动物心理学，只是在近年来才在某些大学找到一个位置。约 12 年前，E. L. 桑代克教授或许是头一个想把这一学科建立在近代实验的基础上。自此以后，人们完成了许多工作，特别是在美国。我们简直没有希望能非常清楚地了解，当一只猿皱眉头展望时，它正在想什么。正如雷纳克说得对，“动物不会向我们吐露隐情”。但是科学的观察和实验说明，猿及其他动物是可以教育的，并说明它们的学习方法。科学家已证明，黑猩猩能很容易地熟练做许多动作，大大超过它的丛林中的祖先所会的。它是可以接受教育的，很了不起。黑猩猩似乎是通过尝试—错误的“反复试验法”，通过我们称之为“哄骗心理学”的过程，即用赏罚刺激的过程来学习的。“模仿”的准确性质和作用现在还不大清楚，但是我认为没有人会怀疑其重要性。现在一个显而易见的问题向我们提出来了,我们人类所有的学习,大部分是不是很像黑猩猩的学习,通过尝试—错误的反复试验法,通过掌握"哄骗",受赏罚刺激,通过模仿来学习的?我确信,答复是,我们所有的教育几乎都是建立在经过修改的类人猿原理的基础上的。对于相信历史连续性者来说,这是个令人高兴的发现,虽然从其他方面来看令人觉得丢脸。

我知道,对于大多数历史研究者来说,比较心理学的研究成果乍看起来似乎离他们所面对的问题太远,难以有什么明确关系。然而,这种想法是错误的,最少就与文化的性质和传递有关的一些问题来说是错误的。如果不懂得一点动物心理学,我们就不能理解与仅从动物继承的遗产有别的文化的性质。对于人类特有的心理的高级且稀有的表现,与我们确信系祖传习惯,且现在仍经常依赖的通行的基本类人猿心理模式,历史研究者一旦学会加以区别,那他在研究思想的变化、制度的发展、发明的进步以及几乎所有的宗教现象的问题上,很可能就会更富有理解力了。

我要从这一推理的领域举一个例子来说明。加布里埃尔·塔德曾强调这一事实,文明中的每一个细微因素,我们具有的文化的每一丁点儿,加之我们的动物身体素质,必然是从一代传给下一代,或重新发现或丧失。查明这一定律的实际历史性作用,应该是历史学家职责的一部分,而且并非不重要的部分。文明不是天生固有的,而是通过广义的"模仿"传下来的。一个字,或一件特殊工具,或一本书,除非予以宣称普及和予以改造再生,肯定会像有机体一样消亡的。让我们把这一定律应用到下面一个情况中。在西

罗马帝国解体后，普遍的混乱和学问遭到的长期令人灰心丧气的挫折，简直无需增添丝毫力量，就会导致西方希腊著作的致命性的消失！假定高卢在都尔的格里哥里[①]时代，能读希腊著作的人只有君士坦丁时代熟悉希腊著作者的一半，这是否会大大增加了色诺芬的《居鲁士的教育》或欧里庇得斯[②]的《厄勒克特拉》完全消失的可能性？

在结束这些意见时，我苦恼地意识到，这些情况也许会对某些认真思考的读者提示一些严重的危险。历史研究者也许随时可以承认，他曾经忽视了其他领域的发现会对他自己的结论产生影响，然而，他会问，他怎么找到时间来了解人类学、社会学、政治经济学、比较宗教学、社会心理学、动物心理学、自然地理学、气候学以及其他学科？就是要跟上这些新名词已经很不容易了，何况他还并非不自然地怀疑，那些向他提供事物的简易解释的人自己也只知道个皮毛。新兴社会科学中某些喜欢高谈阔论的代表让历史学家不愉快地想起了现在几近灭绝的历史哲学家，他们曾自以为不用麻烦花很多时间去学习研究，凭他们的敏锐才智就能够发现人类过去历史的起源。

然而，历史研究者把一些近代社会科学与名声败坏的陈旧的历史哲学归为一类可是犯了个严重的错误。历史哲学家为了满足某些感情上的要求，设法为人类过去的历史辩护，而他们的解释，归根结底统统出于某些神学偏见或民族偏见，当代的社会研究者

① 法兰克王国的历史学家(538—594 年)，曾任都尔主教。——译者

② 古希腊的悲剧作家(公元前 480—前 406 年)。——译者

正相反，他们提供关于过去历史的许多十分真实和有价值的解释，即使显然有些片面。的确，有时他忘了休谟所称的“大自然在其运作中千变万化”，并试图比他心爱的事业所能证明的做更多的解释，但是这不应使我们就看不见他的有用之处。

历史学家即使没有时间去掌握这些最接近他自己的学科的科学的比原理更多的东西，显然，他也会像地质学家、生理学家、生物学家一样，不得不利用其他领域研究者所提供的有关资料。他不用变成人类学家或心理学家，就可利用人类学家和心理学家的发现和资料。这些发现和资料必然会给历史学家提示新的观点和新的解释，并且有助于历史学家改正旧有的错误理解，消除至今仍普遍存在于许多历史著作中的无数陈旧的错误观念。最重要的是，历史研究者是成为具有无保留的历史意识的人，利用发展的学说解释人类经历，使自己摆脱人们的怀疑，即认为尽管他有历史学家的名义和担任的工作，在当今所有极力要解释人类的学者中，他的态度和工作方法却是最不符合历史观点的。

一些新的领域的推论很可能常会说得过了头，比积累的资料还要多，他们常常提供的对历史的解释是已很有研究的历史学家所不能接受的。社会学家、人类学家和经济学家的思想无疑跑得太快、太轻率，这使历史学家产生一种过于保留的心态，有时自以为根本不想倒好。但是，从长远来看，想得太少比想得太多危险更大，而历史学的一些新伙伴所提示的一类思想，如审慎地予以实施，会使整个历史研究的范围大大得到加强和深化，并使其研究成果比前些已取得的更有价值。

第四章　思想史的回顾

一

培根勋爵在他的《论学术的进展》中说："没有人要自己去著书描述历代学术的一般情况，像有关自然现象、国家法律和基督教会方面的著作已做到的那样；在我看来，缺少这方面的著作，世界史就像独眼巨人波吕斐摩斯[①]的塑像缺了他的那一只眼睛一样；缺少的这一部分是最能显示人的精神和生活的。而我也并非不了解，在若干科学中，像关于法理学家、数学家、修辞学家、哲学家等都留下一些学派、作者和著作的简略记载；同时还有一些涉及技术发明和惯例的较贫乏的叙述。但是，一部恰当的学术史，包括一些学科的起源、古代记录及其一些学派，它们的发明、传统，它们的形形色色的实施和管理办法，它们的繁荣、对抗、衰退、消沉、湮没、勾销等情况，兴衰的因由，以及世界历代以来有关学术的其他一切事情，我可以肯定地说是欠缺的。"

自从培根写了这些话以后已过了三百年，但是他指出的缺陷

① 希腊神话中的独眼巨人之一，他的一只眼睛被奥德赛弄瞎。——译者

仍未予以补救。我们仍然没有“恰当的学术史”。不错,我们有一些某类思想历史的著作,特别是哲学和神学的历史,但是这些历史大体上仅限于某些卓越的思想家的体系——柏拉图学派、亚里士多德学派、康德①学派以及黑格尔学派,保罗②派、奥古斯丁派、阿奎那③派、路德派以及乔纳森·爱德华兹④派——而不是他们的富有思想的同时代人中流行的见解。一种哲学体系中,只有那较简单和平易的部分能为聪明的一般读者所充分领会,从而影响舆论史。当我们说到奥古斯丁信仰论、黑格尔学说或马克思主义时,我们并不是指这些作者的完整的哲学体系,而是指人们发现的特别给人印象深刻的几点思想,是在深奥的思想主体概括下鲜明实现出来的。至于整个思想只有专家才会重视研究。今天一个知识阶层的成员,如回顾并自问,他自己所接受的和他看到周围的人所接受的思想来自何方,要从哲学史上寻找问题的答案基本上是徒劳的。培根的指责仍然有意义,因为就我所知,至今还没有一个人清楚地写出一部有关知识阶层的许多主要思想见解的通史。

然而,过去使我们认识到的,还有比确信一些重大问题的发生、发展和变化的方法更重要的吗?大多数的认识并不是靠个人苦思冥想出来的,而是连同本国的制度和社会风俗习惯一起继承下来的。一个学问充实的头脑的思想内容是几万年积累的结果。许多广泛传播的观点绝不可能产生于现代,而是在与现在的情况

① 德国哲学家(1724—1804年)。——译者

② 据《圣经》,耶稣的门徒。——译者

③ 意大利中世纪经院哲学家和神学家(约1225—1274年)。——译者

④ 美国哲学家和神学家(1703—1758年)。——译者

迥然不同的过去一些情况下出现的。因此，我们往往很容易用陈腐的思想知识来应对新的前所未闻的工作。只要研究一下人类思想见解的种种变迁，就能使我们充分注意到这一点，并使我们重新调整自己的观点，使之适应现在的环境。正如前面一篇文章指出的，在我们所处的这个活跃的时代，人们的思想见解总是大大落后于不断变化的环境，要是这个意见没有错，如不研究产生这种见解的根源，我们怎么能在看待世界的观点和态度中更好地发现与时代不合之处呢？培根责备历史学家提供给我们的过去的历史的形象像是缺了独眼巨人那只大眼睛，而只有这才能揭示历史的精神和生活，这难道不是很对吗？

公众对这个被忽视的领域的密切关注可以从德雷珀医生的《欧洲思想发展史》一书长期享誉不衰上看出来。这部著作好几年来享有的声誉远超过其本身的价值。从现代的观点来看，这本书除了显眼的体裁和作者的自信外，几乎各方面都有缺陷。德雷珀完全不认为应该向读者提供他的原始资料，哪怕是些微的线索，但是敏锐的读者很清楚，他的观念是从 19 世纪 60 年代初期可以弄到的各种各样的著作中得来的，而他的结论也完全不是根据认真研究第一手材料后而做出的。他坦率地告诉我们，他的目的是要证明两条定律，如今根本没有人相信那是定律。[①]

约在德雷珀的书出版的同时，莱基[②]出版了他的《欧洲理性主义兴起与影响的历史》。这是一部与德雷珀的多卷著作水平极不

① 见第 50 页注①。——译者

② 爱尔兰历史学家(1838—1903 年)。著有《欧洲理性主义兴起与影响的历史》、《爱尔兰公共舆论领袖》等多部著作。——译者

相同的著作。此书是作者仔细调查研究的成果，显示出作者特有的谨慎作风和思想沉着。然而，可惜的是它大体上仅限于最近三百年来欧洲的发展，只提供了为了说明情况看来必不可少的背景材料。

第三部曾吸引了很多人注意的书是安德鲁・D. 怀特[①]的《基督教界科学与神学战争史》。这是一部充满论战热情写出来的书，或许是因为这位前校长怀特自己实际参加战斗才产生的。他的著作得到许多学者的帮助，他们给他提供了大量的证据，他最充分有效地用来打垮神学家们。不过这本书公开宣布的目的是要揭示早期基督教教父著作和中世纪传统的种种荒谬之处，而不是无偏见地叙述思想史的各个组成部分。

莱斯利・斯蒂芬[②]在他的《18 世纪英国思想史》中，对 18 世纪的哲学史与文学史做了很多补充。A. W. 本恩在他的《19 世纪英国理性主义》一书中，曾探索研究人们对那个得到宗教上的承认的思想阶层的日益不满。梅尔兹的《19 世纪欧洲思想史》或许是迄今已出版的关于知识阶级的通史中最具学术性的卓越贡献。书中有些篇章提供一些极好的例证说明从事这方面的历史研究的有益的性质。晚近的奥斯本・泰勒[③]的《中世纪思想》为我们巧妙地描绘了一幅这方面的图景，既具有同情心又有批评，并且是在辛勤钻

① 美国教育家、历史学家和政治家(1832—1918 年)。曾任康内尔大学首任校长；著有《民主与教育》、《基督教界科学与神学战争史》等著作。——译者

② 英国著作家(1832—1904 年)。著有《18 世纪英国思想史》等书。——译者

③ 美国历史哲学家(1856—1941 年)。著有《中世纪思想史》、《历史上的思想自由》等多部著作。——译者

研原始资料的基础上写出的。然而，如果我们把现已过时的德雷珀多卷本除外，所有这些书，尽管各有优点，都局限于某个特定时期，读者不能从其中任何一部书中找到欧洲知识分子所曾经历过的一些主要阶段的全面概括介绍。

鉴于各个特定时期呈现的复杂问题，任何“要自己著书描述历代学术的一般情况”的努力看来似乎注定要失败了。尽管如此，要是人们能摆脱对历史的传统叙述方法，有条不紊地把伴随着人类自己特有的思想遗产产生的重要事物的发展描述出来，不是只注意专门研究人员和学者的心态和知识范围，而总是保持首先关注整个知识阶层的心态和知识范围：他们对某些重大问题的理解、推理的方法、批评的力量、权威性，他们时时珍视的不论是人类的还是神的原始资料，根据已过去的和后来的情况判断他们的知识范围和无知的深度，那么，要描述历代学术的一般情况并非不可能的。自然，应该始终特别强调获得和传递知识或被误解为知识的东西的方式，及其应用于人类的福利及生活状况或其他方面的改善上。

二

今天，我们如要探索研究思想通史，一定要估量到某些不大会影响莱基和德雷珀的重大发现。要是人类的心理可以回溯的话，就会发现会回溯到与动物心理的融合，在这点上我们现在可算得上较有把握；因此，近来发展起来的动物心理学或比较心理学的研究，有希望充分解释某些思想模式。我的意思并不是说，据此就有任何理由设想动物能运用狭义上的推理，而是说，在某些方面，高级动物的学习方法与我们人类的学习方法有显著的相似之处。无论如何，研究动物心理学要比做别的研究能更清楚地揭示出人类心理的主要特点。某些高级动物，特别是类人猿，出奇地可以接受教育，并且也显出可以不靠推理来学习的可能性。这种不运用推理就能学习的能力，我们人类不仅与动物共有，而且我们具有这种能力的程度大大超过它们。对照着类人猿的心理过程，人类的推理以及人类文化及其传递方法的准确性质，只有靠动物心理学才能弄明白，人们正刻苦研究培育这门新科学，特别是在美国。如在前一章已经指出的，社会心理学这门同样是新的学科，总有一天应能把我们人类对同胞的依赖的天性和程度弄得更清楚些。总之，我们不仅保留着动物心理，而且，还保留着那些较原始的推理方式。人类学的研究发现，这是所有的所谓原始人都共有的。正如我们人类的动物心理在某些危机中对我们很有帮助，较原始的推理方式要是还没有被知识的积累和人为的验证所淹没时也总会出现。

在逐步弄清楚历经数千年的人类心理方面，我们只能从找到的人类手工的遗迹来判断，并根据野蛮人的推理和幼儿的心理逐步表露做出的推断来加以补充。在有文字记载以前，我们必须根据人类曾做过什么的稀少遗迹来判断他们懂得什么？我们没有别的办法能够发现我们现在略有所知的历史上最初的文化基础，即五六千年前的埃及人的文化。

埃及人似乎不曾有过一种如后来希腊意义上的智力生活。他们煞费苦心地编造出人死后仍继续存在的一套复写理论；在工艺上有许多发现，出于需要仔细观察天象，以便充分利用河水涨落，靠此种粮食以维持生计。西欧受惠于埃及的无疑比以前断定的多得多。然而，我们是从巴比伦人和亚述人那里学来把时间划分为钟点、分和秒，把圆周划分为360°的平面图的。希腊人以及后来的西欧热衷于占星术，也是从这些古老文化传承下来的。

狭义的智力生活，就我们追溯所及，发源于公元前六七百年的爱奥尼亚的希腊人中，特别是在米利都这个城市。但是在泰勒斯[①]、阿那克西曼德[②]以及这一群人的其他一些成员的思辨下面，是前面提到的广大基础。当这些爱奥尼亚哲学家问道，万物的本原是什么，他们提出了一个十分深奥微妙和矫揉造作的问题，而这代表了只有思想非常成熟才能产生的一种科学抽象的类型。自从泰勒斯坚持这些这种科学雄心以来，可以说一直存在着激烈的斗争，不断受到较原始的思想扑灭它的威胁，这些原始思想可以分为实用的、神秘的和浪漫的三类。

爱奥尼亚的哲学家与伊利亚的哲学家似乎用心考虑的是十分玄奥的问题，诸如"一与多"、"存在与不存在"以及这类观念提示的一些似非而是的说法。几乎没有什么预兆，我们竟然发现雅典的诡辩学派[③]，他们显示出一种丰富而成熟的智力生活，在许多方面今天都简直无法比拟。可惜的是，他们的著作绝大部分都已佚失，很可能他们的思辨像苏格拉底的思辨一样，并没有写成文学，而是

① 希腊小亚细亚米利都的哲学家、天文学家和几何学家（公元前约640—前约546年），古希腊七哲之一。——译者

② 希腊米利都的哲学家和数学家（公元前约611—前约547年）。——译者

③ 又译作智者派，公元前5世纪在希腊有广泛影响的提供启蒙和高级教育的专业人员。——译者

限于谈话和口头辩论。我们对于他们所谈内容的一些印象，主要得之于怀有敌意的柏拉图，得之于亚里士多德的引文。

柏拉图和亚里士多德这两位作者是如此充满思想活力，他们思辨涉及的范围无穷无尽，哲学的洞察力是如此深刻，以致专门研究他们著作的人很容易觉得，自他们时代以后，所有思想史只不过是思想退化的记载。因此，在研究欧洲思想史时，我们必须要求自己不要多研究柏拉图和亚里士多德他们自己会相信或发现什么，而要多研究在他们那个时代及以后的时代知识阶层中普遍流行的是他们思想中哪些独特的方面。他们的命运使他们超越其他所有思想家，成为欧洲的导师，我们又从欧洲继承了这份思想遗产。必须记住，一方面，西塞罗[①]及新柏拉图学园派把他们温和的怀疑主义哲学追溯到柏拉图；另一方面，普罗提诺[②]和新柏拉图主义学派也认为他们的超理性的和心醉神迷的信条源自柏拉图。至于亚里士多德，虽然他使现代的评论家，不论是研究文学、哲学、科学或政治学的人，都充满惊讶和敬佩，但是别忘了他是 13 世纪经院哲学家们崇拜的偶像，他们把他那关于本质与终极原因的有错误的理论和贫乏的三段论法作为他们玄想的根据。

在亚历山大城及其他地方，希腊化时期的学者们似乎在某些领域以有益的方式传承了希腊传统，但是他们增添的知识不多，主要是大量的评注、诠释和文学评论，这对于罗马时期富有思想的人不大有吸引力。亚历山大学派的著作大部分随便地消失了，只有

① 罗马政治家、演说家和哲学家(公元前 106—前 43 年)。——译者

② 希腊哲学家、新柏拉图主义创始人(204—270 年)。——译者

著名的欧几里得[1]的著作和托勒密[2]的地理学、天文学和占星学的汇编流传下来，被阿拉伯学者所吸收，并于13世纪重现于西欧。

罗马帝国晚期，随着希腊文化令人伤感的衰落，一种根据有关人类起源和生活要事的完全不同的前提的新型思想热潮兴起了。我们称之为“中世纪”的思想，实际上完全是罗马帝国晚期，在日耳曼人还未瓦解奥古斯都所建立的这个大帝国西部部分之前产生的，这是现代的一个重大历史发现。早在普鲁塔克活着的时期就开始了一种情感革命，并逐渐使从雅典传下来的思想生活传统变了质。理智成了它怀疑的对象，它的软弱无力似乎已得到明确证实；知识阶层不大愿意在斯多噶主义的抑制情欲的思想中去寻求安慰，而多在新柏拉图主义的放肆生活中、在妖术和东方神秘主义的怪异多变的幻觉中寻求乐趣。清澈爽朗和温和适中的古希腊文化让位于贬低理智和相应地相信超自然的一切。普罗提诺认为只有生活中那些卑下小事才属理智考虑的范围，最崇高的真理是超自然的，人们不是通过理智而是通过直觉，才可望达到人们崇高的愿望。

哈纳克[3]说得好，他认为新柏拉图主义不论在某些方面是如何崇高和鼓舞人心，它都意味着思想破产。“蔑视理智和科学（二者因被贬到次要地位而受到蔑视），最后导致粗俗，因为由此造成的结果是人们愚昧迷信，并容易受到各种各样的欺骗。事

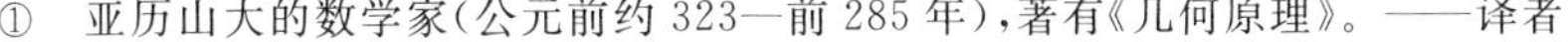

① 亚历山大的数学家（公元前约323—前285年），著有《几何原理》。——译者

② 活跃于公元2世纪前半叶的亚历山大天文学家、地理学家和数学家。——译者

③ 德国新教神学家（1851—1930年），著有《信条史教科书》等宗教著作。——译者

实上，继新柏拉图主义风行时期之后就是粗俗的风气……人民大众在迷信的环境中成长，而基督教会是在继承新柏拉图主义遗产的基础上开始活动的，它不得不考虑到这一点并与之妥协。正当古老文明的沦丧和陷于粗俗风气不能不暴露出来时，一位仁慈的命运之神把一些野蛮民族放到欧洲历史舞台上，对于蛮族来说，千年的历史运转似乎不存在。客观事实模糊不清了，尽管它逃不过能透过表面看实质的人的眼睛，古老世界必定是自然地退化到粗俗野蛮状态，因为它已弃绝人世。不再有人会欣赏它、精通它或如实了解它的任何愿望。一个新的世界已被揭示开来，为了这个新的世界，必须放弃今世的一切，为了确实拥有另一个世界，人们随时可以舍弃洞察力和理解。从后来的世界眼光来看，在这个世界中看来是荒谬的思想却被看成智慧，智慧则变成愚蠢了。”①

正是在这一时期，历史上的基督教在一些教会教父的著作中得到了系统的表述。最伟大的教父奥古斯丁，既曾受到波斯人摩尼②的教诲的吸引，也曾受到新柏拉图主义的诱惑的引诱，这是很有意思的。按桑塔亚那③恰当的说法，“基督教史诗”形成一种新的智力生活的基础，这种智力生活是在一个尽可能与公元前5世纪的雅典不同的情感环境中发展起来的。新的思想能够接受从柏拉图著作中可清楚领会到的某些理想和神秘要素，但却不欣赏德

① 《信条史》第1卷，第337—338页。

② 摩尼教创立者，波斯人（约216—约276年）。主张善恶二元论，劝人改过向善。——译者

③ 美国文学家、教育家和哲学家（1863—1952年），著作颇丰。——译者

谟克利特[1]和曾接受柏拉图机械的宇宙观的伊壁鸠鲁学派[2]、留有科学研究观察记载的亚里士多德以及亚历山大时期的那些科学家，诸如阿利斯塔克[3]、希帕库斯[4]和阿基米得[5]等人对世界的准确的科学知识做出的许多有发展前途的贡献，要是这些人的研究精神和方法得以普及，他们就会更早地把今天我们引以为傲的自然科学发展起来。苏格拉底的同时代人所曾过的生气勃勃的智力生活最后结果必然令人失望。这种生活太限于智力范围了，它靠纯粹智力活动和阐述来寻求真理。它很少具体接触到那令我们苦恼的社会问题和经济问题，未能认识到那劳神费力的科学研究的意义，或是未能看到，把对有机的或无机的自然界研究得到的知识应用到实用目的的可能性。

在这方面，12 世纪和 13 世纪经院哲学的复兴在精神上具有希腊文化的特点。的确，那时候权威具有极大重要性，而亚里士多德以前的雅典人几乎完全不感到受窘。托马斯・阿奎那运用了与柏拉图不同的材料，使他的思想具有不同的形式，但是这两个人之间总的思想亲缘关系是非常明显的。

12 世纪末期，头一批大学建立起来了。神学成为一门系统讲

---

① 希腊哲学家（公元前约 460—前约 357 年）。他发展和更充分地阐述了米利都的单基帕斯的原子论。——译者

② 伊壁鸠鲁（公元前 341—前 270 年）创建的学派，追随德谟克利特，相信世界是由原子和虚空构成的。——译者

③ 亚历山大学派中的天文学家和数学家（公元前约 280—前约 264 年）。——译者

④ 希腊天文学家（公元前约 190—前约 126 年）。在天文学上有很多发现和论证，如（分点）岁差等。——译者

⑤ 希腊数学家和发明家（公元前 287 年—前 212 年）。——译者

授的课题，是根据彼得·伦巴德[①]的《教父名言集》所提供的早期教会教父的见解的合宜的纲要来讲授的。随着一本有缺陷的拉丁文译本再次把亚里士多德的著作介绍给读者，旧时从以前几个世纪传下来的关于七艺的枯燥梗概的研究，就被关于希腊思想的卓越代表的一些主要著作的讲课所取代。因此，除了法律和医学，13世纪西欧的知识阶层两大专注关心的学问，一方面是详尽阐述的神学理论及其精细的门类分支，另一方面是亚里士多德的逻辑论著，他的《伦理学》、《物理学》、《形而上学》、《论灵魂》以及按当时教会一些评注者所能理解的关于自然现象的一些次要著作。经院哲学家们把自己的看法与阿拉伯哲学家们的知识结合起来，后者了解并研究了亚里士多德，其中最主要的是阿威罗伊[②]。然而，阿拉伯学者不如大阿尔伯特[③]和托马斯·阿奎那更能理解亚里士多德真正的思想，因为他们的阿拉伯文译本是从古叙利亚文转译的，不是从希腊文译过来。勒南[④]在谈到阿威罗伊的评注时，曾幽默地说，西欧大学几百年来曾虔诚地通过一种拉丁文译本来研究一位希腊哲学家的思想，拉丁文的译本是从希伯来文译本翻译过来的，而希伯来文译本是从有阿拉伯人注释的阿拉伯文译本转译的，阿拉伯文译本则是从古叙利亚文译本转译的。即使设想亚里多德著

① 意大利神学家(约1100—1160年)。他的《教父名言集》是当时普遍采用的神学课本。——译者

② 伊斯兰教哲学家及法官(1126—1198年)。主要著作有《毁天论之毁灭》和许多有关亚里士多德论著的评注。——译者

③ 经院哲学家、神学家(约1200—1280年)。曾注释亚里士多德全部论著。——译者

④ 法国哲学家和历史学家(1823—1892年)，著作颇丰。——译者

作的拉丁文译本尽善尽美，13 世纪的思想家也不大有希望越过所有思想障碍去理解公元前 4 世纪的一位希腊哲学家的思想。亚里士多德哲学的再度流行，只是增添了又一个妨碍从根本上改变思想以适应形势的障碍，而不是纠正中世纪早期有缺陷的观点，并提供知识使之成为进步的一个出发点。它增强了而不是削弱了对权威的尊崇，阻碍了而不是推动了对新的真理的探索。

15 世纪时，希腊语又在意大利复活了。约在公元 500 年，这个语言几濒消亡，波爱修[①]曾做了不成功的努力，他试图通过把主要的希腊作家的著作译成拉丁文来使希腊著作的知识得以永久保存，因为随着以前受过教育的罗马人所掌握的希腊语的消失，一切希腊著作的知识显然也必定会很快消失。克里索罗鲁斯[②]于 1396 年在佛罗伦萨开始给一群热心的弟子们教授希腊文，在这之前几百年中，我们发现很少有人提及希腊人著作。虽然 12 世纪的学者们还没有忘记荷马和柏拉图的名字，但是却很少有人知道埃斯库罗斯[③]、索福克勒斯[④]、希罗多德或修昔底德的存在。15 世纪的人文主义者专心致力于重新发掘所能找到的希腊文学的一切残本，以及被人遗忘了的诸如塔西佗和卢克莱修[⑤]这样一些拉丁作家的著作。他们把希腊著作译成拉丁文，从而使这些古希腊罗马时代留存给我们的著作得以在知识界流传开来。

① 中世纪哲学家(约 480—524 年)。曾翻译亚里士多德的逻辑著作。——译者

② 希腊学者(约 1350—1415 年)。将希腊文化介绍给西欧著名学者。——译者

③ 雅典三大悲剧作家之一(公元前 525—前 456 年)。——译者

④ 雅典三大悲剧作家之一，政治活动家(公元前约 496—前约 406 年)。——译者

⑤ 罗马诗人(公元前约 99—前约 55 年)。——译者

然而,如果按一般人认为的,以为这种对希腊罗马作者的著作重新燃起兴趣的情况预示着希腊文化的复兴,那就是个严重的误会。15世纪佛罗伦萨一个书商韦斯帕西亚诺所描述的一些人的丛书,显示出他的主顾们简直没有什么鉴赏力。翻译过柏拉图著作的菲奇诺[①]是个狂热的新柏拉图主义者,而在皮科・法拉・米兰多拉[②]看来,犹太教的卡巴拉[③]这门学问给人以无限启迪。总之,就像亚里士多德哲学在13世纪的情况一样,柏拉图哲学在15世纪也未能产生思想革命。瓦拉[④]是个例外,或许由于熟悉一些古典作品,因而稍微激发了他的批判能力,必须承认,在所谓"新学问"[⑤]中,没有多少会产生走向批判的时代的思想。在13世纪确实很难想象有一个马基雅维里或是一个伊拉斯谟这样的人出现,但是在16世纪初期,要断定使他们可能出现的许许多多微妙的变化也同样很困难;如果认为这些变化主要是人文主义者造成的,那也很轻率。

新教徒之叛离罗马天主教并不是与任何决定性的思想修正有关。双方代表不断激烈强调新教和天主教之间的分歧,使我们忽视了这两个体系思想上密切相似之处,的确,他们十分之九是一致的。早期的新教徒当然也和天主教徒一样接受教会教父整套的世界观,他们的历史观点是相似的,他们对人的起源,《圣经》及其中的预示、

---

① 柏拉图佛罗伦萨学园首领(1433—1499年)。主要著作有《柏拉图主义灵魂不朽的神学》。——译者

② 意大利经院哲学家(1463—1494年)。——译者

③ 犹太教神秘哲学;由中世纪一些犹太教教士发展而成的对《圣经》做神秘解释的学说。——译者

④ 文艺复兴时期意大利人文主义者(1405—1457年)。——译者

⑤ 指15—16世纪时对原文《圣经》及希腊、拉丁古典作品的研究。——译者

预言和奇迹，天堂与地狱，魔鬼与天使的见解都是同样的。就像天主教徒的看法一样，在早期的基督教徒看来，要获救必须接受三位一体的上帝教义，并必须不断提防理性的私下误论和科学进步所提示的革新。路德和梅兰希顿[①]以《圣经》的名义斥责哥白尼，梅兰希顿还以热情洋溢的赞许观点，重新出版了托勒密的原始天文学。路德一再激烈攻击理性，他坦率承认，以理性的观点来看，基督教的许多预料推测都是荒谬的。卡尔文宣扬人类开初生来就是道德上无力的；而命定论的教义似乎有意要使人类的一切努力归于无效。

新教徒对自然界的了解并不比他们的天主教对手多一些；他们都完全受到巫术魔鬼信仰之害。新教反叛并不是由于科学知识增加而产生的，它也没有把它的成功归功于对批判精神的深为信赖。正如吉本所指出的，丢掉一种明显的神秘仪式，即圣餐变体学说[②]的宗教仪式，却从原罪、救赎、信仰、恩典和命定论等惊人的教义中得到充分的弥补，这些教义都是新教徒从圣保罗信札中牵强附会出来的。从一种思想观点看来，早期的新教基本上是中世纪宗教史的一个方面。

然而，在16世纪结束以前，蒙田[③]让我们看到一种明显的希腊人的高尚精神，这使我们认识到所谓“文艺复兴”的缺陷和令人失

① 德意志宗教改革家(1497—1560年)，路德宗教改革运动的合作者。——译者

② 见本书第2页注②。——译者

③ 法国哲学家和随笔作家(1533—1592年)。因在文艺复兴时期复兴和传播古希腊怀疑主义而颇有影响。——译者

望之处。他并没有上升到柏拉图的奥妙高度，但是却彻底摆脱教条和权威，下结论具有试探性和人文精神，却是可以与柏拉图较量的。

最后，到了17世纪初期，思想革命的开端已显而易见，这把我们推进到远超出希腊思想的极限。我们特别应归功于头一个说明这些变化的主要方面的人，即培根勋爵。他在《论学术的进展》中，后来又在《新工具》中，非常敏锐地谈到妨碍思想进步的种种障碍和克服这些障碍的方法。他比他的同时代人看得更清楚，或者至少是更有力地说明，科学的发现及其实际应用将改善人类生活状况的前景。他分析了权威的性质并指出其危险性。他预见到，通过实验的科学研究积累有关人类和世界的新知识的无限可能性。在他的理想共和国"新大西岛"中，他设置了一个科学院，赋予它最重要的地位，并非常详细地说明其复杂的设备。在他看来，知识首要的一点是能动的和发展的，他的著作中第一项明白无误地提出关于人类进步的近代观念。不错，他并没有派定自己去对自然科学做出重大贡献，也不欣赏他的同时代人，诸如伽利略①和哈维②正在做出的贡献，他甚至拒绝接受哥白尼的太阳系理论，而且，时常还流露出对权威的非常自然的信赖。这一切只是证明，不论人们的意图多么好，要与过去骤然决裂有多么大的困难。

① 意大利物理学家和天文学家（1564—1642年）。他为哥白尼的宇宙日心说做了无可反驳的论证。——译者

② 英国医生、解剖学者、生理学家（1578—1657年）。提出血液循环论，并著有其他生理学著作，在欧洲颇有影响。——译者

笛卡尔在不相信权威方面比培根走得更远。正如大家都熟知的，他认为人们如果遵循他所建议的探求真理的方法，就可以重新创立一个完整的知识体系。他的方法论基本上是一个摆脱过去而完全独立的宣言，而且也是对中世纪思想态度的否定。像培根和伽利略一样，他敢于用本国语言写出他最深邃的思想，从而承认知识阶层不再仅限于懂得拉丁文的人。

笛卡尔的出清他脑子里的旧思想并重新启动脑子的计划，肯定标志着哲学思想的一个新纪元；但是，为人们会预料到的，当他允许他的脑子重新注入思想时，注入的观念基本上是些老观念。当然，是不自觉的，他仅仅是为重新安置他的大部分古老文化知识找个新借口。正如培根取得真理的新方法未能使他摆脱旧日的谬误思想一样，笛卡尔最初急于要证明上帝存在，也表明有一种强烈的保守倾向。尽管如此，他和培根还是打破了权威，虽然无心消灭权威，而随后几个世纪使人们的头脑变得空前地清楚、易辨是非，随着还有关于人类及其环境的论据的前所未有的积累，都证明主要应归因于培根和笛卡尔所提供的心态。

17世纪期间，一种大胆的、批判的精神普遍觉醒了，这种精神自罗马帝国晚期怀疑论派消失之后，西欧已没有听说过。在一些得到宗教上的支持的事情上特别明显。洛克[①]及其他一些人提出了宗教宽容的理论；奇迹变成了一种障碍；斯宾诺莎[②]在研究《旧约》中概括论述了一套义理方面论证批判体系；皮埃尔·贝尔[③]有

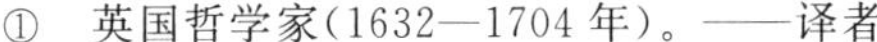

① 英国哲学家（1632—1704年）。——译者

② 荷兰唯理论哲学家（1632—1677年）。——译者

③ 法国哲学家（1647—1706年）。主要著作有《历史批判字典》。——译者

点无情地审查了诸如大卫[①]和奥古斯丁这类宗教英雄的事迹记载；在17世纪末期，《创世记》头几章在伯内特博士[②]和查尔斯·布隆特[③]手上成了嘲弄式注解的题材。舍伯里的赫伯特[④]在他的《异教徒的古代宗教》一书中，早已为比较宗教研究奠下了基础，并且反驳了认为上帝要使大部分人下地狱的观念。牛顿关于地球运转的规律扩展到整个宇宙的证明，比哥白尼著作给人以更深刻的印象，而18世纪的自然神论者永不疲倦地赞颂着一个大自然永恒规律的上帝。

近代天文学、物理学、植物学、动物学和数学早在18世纪中叶以前已奠定基础，到这时候所有这些学科的知识不论在程度上和准确性上都大大超越古希腊人罗马人所知道的一切。大家一定记得，与巫术搞在一起的残忍的迷信活动，是建立在《圣经》和经典作家的著作的基础上的，现在终于破除了；而不受拘束的批判的新精神和对实验科学及其由此产生的实际应用的信赖，不断增强了进步的观念并不断削弱对过去权威的迷信，这为以后取得新的一系列成就提供了必要的前提。

四

这一对自古代直至18世纪中叶的思想史的概括介绍，应使我们能够对现在的见解的主要特点得出某些一般的结论。甚至是最

① 以色列第二位国王（公元前约1000—前约960年）。——译者
② 苏格兰历史学家（1643—1715年），索尔兹伯里主教。——译者
③ 英国自然神论者和小册子作家（1654—1693年）。——译者
④ 英国哲学家、军人、外交家和历史学家（1583—1648年）。——译者

最热衷于古希腊文化的人也承认，拿我们现代的思想与古代相比，无疑的有现代环境巨大的新的因素。在诸如火车头、缝纫机、蒸汽脱粒机、电话、电灯等东西上，没有人会怀疑我们的时代是过去无可比拟的时代。但是，特别是在有最高文学艺术修养的人中间，还是存在一种很普遍的看法，认为如说在文学艺术上我们的进步超越了希腊人则多少是可疑的，从而料想，我们现在见到的各种各样的思想文化活动，希腊人实际已展示过，他们不时预测到几乎所有的现代重要科学发现，而他们的思想生活的理想，即使不是超过，也是和人们此后达到的任何情况相同的。

我认为，这种怀疑现代进步的见解，是由于未能认识到我们现代富有特色的思想含有某些根本性的新因素。最少有五种这样的新因素似是较易辨认的，其中有两种前面已经谈到：(1)实验科学，借助于适用于此目的的器械，从事对自然现象的仔细观察，并经实验证实，这根本是近代的产物。古希腊人既没有望远镜、显微镜，也没有温度计、分光镜。在我们看来，他们的知识充其量是很粗糙的和随意的观察的结果，后来形成了公认的权威。经院哲学家也许会问，既然亚里士多德早已告诉我们，重物比轻物落地快，我们还有必要去观察一件重物是否比一件轻物落地快吗？其次(2)，我们由于继续不断地发现新知识和人类生活状况的改善而获得近代的进步观念，这显然是希腊人和罗马人所无的。

19 世纪思想中又增添了三种因素：

(3)由于某些无法说清楚的原因，人们开始尊重和了解普通人，关心他的福利，乐意让他参与公共事务管理。这些情况凑在一起就构成所谓民主精神。直到近代以前，奴隶制和农奴制一直存在，只要有奴隶制和农奴制存在，就不可能有民主精神。正是这种对普通人的了解，使社会科学得到发展，这是古希腊人梦想不到的，而且也使诸如心理学和伦理学这些已有的学科社会化。政治经济学诞生于18世纪；19世纪时，人类学大规模地发展起来，还有各种宗教比较研究、社会学和社会心理学。

(4)另一种新因素使人们具有这种社会观点的趋势大大增强了，这就是工业革命及其伴随而来的一些情况。说到工业革命，当然是指由于机器和工厂制度的发展而在经济生产和经济组织方面发生的根本性变革。乍一看，这些事情似乎离知识分子的生活很遥远。只是因为，到目前为止，工业革命使人想到社会重新调整和促进人类幸福的料想不到的可能性，这是近代人思考的两个最吸引人的题目。正如罗伯特·欧文[①]所指出，由于有了机器，我们的生产能力提高了，这相当于世界上大大增加了工人人数而不用增加受照顾的人数。假使在一个拥有2万居民的工业城市，现代机器可以生产出以前需要20万工人才能生产出的产品，那么，在提供必需品和生活福利设施方面，每个工人平均要有9个人来帮助他。从普通人的立场来看，迄今为止，工业革命的结果令人非常失望。由于各种各样的理由(这里不可能一一列举)，那些帮助他的人所做的工作似乎对他有利的极少。然而，知识分子或许从未遇到像经济革命中所包含的社会重新调整的可能性这样令人兴奋的问题。

此外，城市的发展应归功于工业革命，而城市生活一向与思想

① 英国空想社会主义者、工厂主、改革家(1771—1858年)。——译者

变化有密切联系，因此，我们有理由设想，城市利益的巨大扩展最终必定对我们思考产生深刻的影响。与这同一些经济变化有联系的是国际贸易和难以置信的高效率的通讯交通手段的发展，这把全球的人以竞争、仿效和合作的精神联系起来。不用多少年，生活在地球上的每一个人都会读和写，并能够通过相互联系的办法，注视着世界各地的事态发展。这种令人惊讶的事态表明，人类四海一家具有无限可能性。我记得，几年以前，在万国邮政大会上，有人提议，将地球上任何两个地点通信的邮资减为 2 美分。这个建议得到埃及、美国和新西兰的拥护。这个建议和那些支持建议者，既代表了最古老文明的国家，也代表了地球的另一边最新的文明国家，应足以使我们摆脱一种观念，即认为我们思考问题只能限于希腊人环境局限的范围之内。

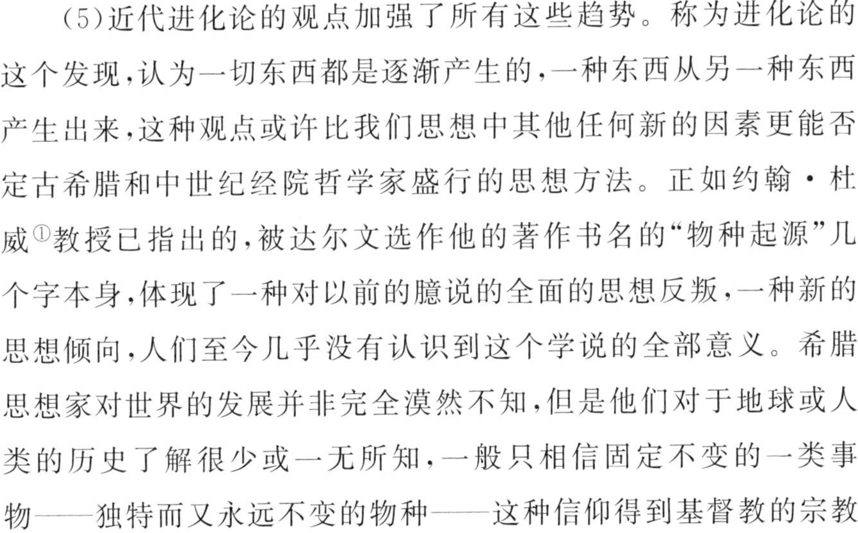

(5)近代进化论的观点加强了所有这些趋势。称为进化论的这个发现，认为一切东西都是逐渐产生的，一种东西从另一种东西产生出来，这种观点或许比我们思想中其他任何新的因素更能否定古希腊和中世纪经院哲学家盛行的思想方法。正如约翰·杜威[①]教授已指出的，被达尔文选作他的著作书名的“物种起源”几个字本身，体现了一种对以前的臆说的全面的思想反叛，一种新的思想倾向，人们至今几乎没有认识到这个学说的全部意义。希腊思想家对世界的发展并非完全漠然不知，但是他们对于地球或人类的历史了解很少或一无所知，一般只相信固定不变的一类事物——独特而又永远不变的物种——这种信仰得到基督教的宗教

① 美国实用主义哲学家和教育家(1859—1952 年)。——译者

支持。基督教把“关于固定不变和最终事物的优越性的想当然的臆说”引申成自然的推断结果，并且“把变化和起源视为缺陷和虚构的迹象”。杜威教授接着说，“《物种起源》攻击那绝对永恒的神圣方舟，把那些被视为固定不变和完美的类型的一些形式看作发生和消逝过程，这当中它引入了一种思想方式，最终它必然要改变知识逻辑，从而也改变了对伦理学、政治学和宗教的研究”。柏拉图的理念、亚里士多德的本质说、基督教的特殊的创世说和“永恒真理”的信条通通都土崩瓦解了。“人类可谓深思熟虑的头脑，在彻底研究了无变化的、最终的和超越宇宙的逻辑之后，才试图冒险走进研究发生与转变的无路可循的未开垦地。”然而现在既已从事这种新的冒险事业，人类的兴趣不可避免地从研究一些特殊变化的全部要素转向研究一些特殊变化如何服务于具体目的或使具体目的受挫的问题；从研究一劳永逸形成事物的一种智慧转向研究甚至是现在正在形成的各种事物的各种智慧；从行善的最终目的转向直接增进正义与幸福，对现存条件明智的行政管理便会产生这些结果，而漠不关心或愚蠢的管理则会破坏或抛弃这些结果。①

这种进化的思想方法是我们所处的极其生气勃勃的年代的必然的结果。即使古生物学家、植物学家和动物学家还没有证明现存动植物物种是从以前存在的物种演变过来的，在科学知识普遍提高和工业革命面前，希腊人和经院哲学家的古老哲学观最终必

① 约翰·杜威：《达尔文对哲学的影响及有关当代思想的其他论文》，1910 年出版，第 1—19 页。

然会让路。植物学家和动物学家以及史前考古学家已把进化过程的令人惊讶的可信历史实例提供给我们，但是，即使没有这种实例，建立在固定不变的物种和本质的基础上，依靠亚里士多德的逻辑作为获得真理的有效方法的古老哲学是注定要遭厄运的。有机体进化的发现，不是哲学革命的开端，而是达到最高潮。

由上述情况来看，不论在所根据的材料的积累和准确性上，在研究和解释这些材料的批判的、历史的方法上，在抵制不可靠的哲学家假设和已证明是严重阻碍启蒙运动的无益的相对立思想上，最后，在把知识巧妙地应用于人类需要上，现代思想远远超过希腊人的思想难道不是很清楚吗？不错，亚历山大时代的希腊人从阿里斯塔克得到了地球自转和围绕太阳运转的启示；从阿基米得和希罗[1]得到了重要的机械结构的图解，而且他们了解伊壁鸠鲁派关于人类缓慢发展的理论（后来卢克莱修予以有说服力的复述），但是，他们不能够理解任何这些启示的重要性。正如杜威教授所说的，他们似乎保证要彻底研究无变化的、最终的和超越宇宙的逻辑，但是结果必然是迟早筋疲力尽。然而我们的事业似乎简直无止境。没有理由认为迄今我们正在做的比最初的发现和最粗糙的知识应用多得多。富有成果的研究看来是无限的，而新知识的影响是无法估量的。

比起以前的任何一代人，我们学会在一个远为宽广的范围来思考事物；我们知道要承认真理不仅像一个希腊思想学派已非常

① 亚历山大时代的数学家（约生于公元 2 世纪），曾发现蒸汽动力推动机械。——译者

清楚地领悟到的那样是相对的，而且这种相对性是受到我们继续不断增加的知识的影响的。西塞罗宣称，没有什么可能有的观点是哲学家不曾持有的，聪明人应该接受当时在他看来好像最有道理的意见。虽然西塞罗的怀疑主义态度有许多值得赞赏之处，但我们现在应该以完全不同的说法来谈谈我们的状况。我们更加深思熟虑的看法最终是根据对人类及其环境所观察到的种种事实得出的。随着关于这些事实的知识不断增加，我们的看法必然会相应改变。在希腊人察觉到可称为固有的相对性之外，我们已增添了一个能动的相对性，这是科学知识迅速增进的结果，它必然会使我们所有的结论都变成暂时性的结论。

在人类现在从事的有意识的社会重新调整的事业中，看来思想史好像要起很重要的作用，因为社会变化必然伴随着感情的重新调整，并且取决于思想指导。思想史是消除成见的羁绊和惯例成规的束缚的最有力的手段之一。它不仅通过说明当前的问题是怎样产生的，从而使我们明确我们的职责，而且促进了思想自由，这是进步依据的根本。

第五章　普通人应该具有的历史知识

一

假使有人问历史家，近代最新奇的、具有最大影响的发现是什么？他可以回答说：近代最新奇的、具有最大影响的发现就是我们对于普通人和普通事物的重要性有了认识和兴趣。我们的民主精神和它所有的希望和志愿，就是以尊重普通人为根据；我们的科学和它所有的成就和希望，就是以尊重普通事物为根据。以上这几句话的正确性，我们不能在此处加以说明，而且也不必再加以说明。因为我们都承认这个真理了。我们现在应该研究的，就是对于那一大批将要过早地用自己的双手来养活自己的青年男女们应该用什么方法去教育他们。但是教育这件事，从来就不十分注意做普通事的普通人。因为从前以为受教育的人们，一定都是有闲的、不必自己去谋生的人们。

这种观念可以追溯到希腊人。他们建立了一个传统，把教育看成是“自由的”，是以“自由艺术”为基础的。所谓“自由艺术”就是对于那班有奴仆侍候的而且有余暇的自由人而设的那些学科和训练。假使一种特别的研究带有一些实用的意味，它就失去它的自由性了:因为这种特别研究,只有奴隶才配去做。这种教育的观念,事实上一时很不容易清除。因为自从亚里士多德以来,我们并不十分觉得社会上有什么变化。希腊人并没有和我们一样的民主精神,也没有如我们所了解的自然科学和自然科学在生活上的应用。奴隶制度早已消灭了;古代奴隶所担任的职务,已经经过了一种革命了,已经如此的复杂了,而且已经可以利用科学发现的进步去发展它了;因此近代的工业和古代简单的手艺已经大不相同。现代的工业是非常有趣味的,而且非常被重视的。我们没有权利可以和希腊人一样,将工业放在教育范围以外。我们没有理由可以继续保持那种偏见,去反对有实用的科学。我们不应该再被传统的观念所局限,认为“自由的”和“有用的”应该分开。在今天,我们正应该大胆地、毫无保留地,立刻将我们的教育和现在大多数在公立学校读书的学生们的实际生活同他们将来所要担负的任务,密切地结合起来。

根据存在我的心中的上述信念,我想要说明历史学在将要于毕业后即到工厂中做工谋生的青年男女们的教育中的地位。当我最初开始教授历史的时候,我不能不承认我实在不十分明白学历史究竟有什么用处。这主要地是因为当时我没有十分明了人类的过去对于我们的意义。后来我慢慢地觉得我们的知识和思想完全是依赖过去的,而且只有过去才可以解释我们自己的现状和我们的事业。历史是我们对过去的知识。我们要追问历史,就像我们要回忆自己个人的行为和经验一样。不过我们对自己过去的回忆是常常随着我们的态度和成见起着变化的。我们往往调整我们的回忆来适应我们当前的需要和希望,而且还往往利用它来分析我们现在的问题。历史也是如此，它并不是一成不变的，而是经常变化的。各时代的人都有权利去从人类历史里面选出和当时特别有关系的事实。所以梅特林克[①]曾经指出："随着我们知识的增加，那些看起来好像刻在石碑上或铜器上的、永远不变的历史事实，一定要具有一种完全不同的面貌，一定可以复活起来，跳入运动之中，给我们提供一种较宏远而且具有胆量的意见。"

这一点非常重要，希望读者特别注意。因为现在普通所谓教科书，很少是适合于我们的目的的，所以工业学校里应该采用一种什么历史教本，我实在没有具体主张。因为历史这门学科，我们没有像算学一样的那种明确的组成部分。虽然普通历史学家编订历史教科书的时候，以为他们已经将各种最重要的事实都包括在内，好像化学家或地质学家编他们那种自然科学教科书一样。但是历史学具有它的特殊性，因为历史学所研究的是异常复杂的东西，不像化学那样有一定的现象。我们有许多所谓史学名著，其中专门叙述的往往只是君主和教皇、朝臣和政客、争夺领土和王位的战争、君主和国会所制定的法律。但是这些事实，只是历史中的一小部分。因为历史学家可以描写一个罗马人的农庄或者一个简陋的蒸汽机，或者比较圣托马斯·阿奎那和路德的神学主张，或者可以追述哥特式建筑[②]的来源或者埃及日历[③]的来源，或者描写亨利八

① 比利时著名文学家(1862—1949年)。——译者

② 哥特式建筑，最初出现于12世纪。其特点为尖顶，并以巨窗代替旧日高大黑暗之墙，墙外围以扶壁。故窗虽大而无倾塌的危险。——译者

③ 埃及最初和古代东方其他各国都用阴历。自公元前4241年后(此外又有其他说法)，始改为阳历，分每年为三百六十五日，每年十二月，每月三十日，岁终五日，庆祝年节。托勒密王朝时代，始有每四年加一日而成闰之法。自公元前1世纪罗马大将恺撒采用埃及日历，旧日希腊、罗马古历遂废。——译者

世对安娜·波琳[①]的宠爱，或者说明俾斯麦[②]对于社会党人的态度，或者说明新石器时代的手斧。上面所举的几件事，已经可以表明人类的兴趣和事业是如何广大无边，复杂万状。以上的历史事实，有的包括在我们教科书之中，有的并不包括。

试问过去的事实既然如此的丰富，现在我们有什么保证可以说编写通俗历史课本的人们已经将人类经验中最重要的最有关系的事件提纲挈领叙述下来，以备教授青年之用？我以为我们到如今还没有这种保证。从前伏尔泰说过：历史这样东西只不过是“一种大家同意的故事”。他这句话是对的；因为所有编辑历史教科书的人，当他选择历史事实的时候，往往不知不觉地将从前那些陈旧不堪的历史教科书作为标准，而且教师们和公众们也希望如此。

一直到近来，历史学家所选择的线索还是政治。差不多无论什么东西都分述在君主的朝代下面；各个君主的政策和战争都是他们最喜欢论述的题目。这种传统已经建立很久了。从希腊、罗马以来，如修昔底德、波里比乌斯、李维、塔西陀等历史学家就是如此。本来政治史是一种最容易编写的历史；因为政治史所叙述的主要的不是状况，而是事实。所以按照年代顺序排列起来，非常容易。而且当时的君主和朝廷比现在的国王和朝廷重要得多。在当时，战争是被看作一种贵族娱乐。对于当时的读者，政治史当然是格外重要。有许多主张注重政治史的人，认为这种历史可以做武

---

① 安娜·波琳是英王亨利八世（1509—1547年）的第二个皇后。她幼时曾服务于法国宫中，归英后充亨利八世的宫女，后亨利废王后凯瑟琳，立她为后，后又为亨利处死。——译者

② 俾斯麦（1815—1898年），德意志首相（1871—1890年）。——译者

人政客的指导，以为他们读了历史，可以知道怎样去统兵打胜仗，或者怎样在内忧外患的风浪中决定国家的大计，转危为安。

但是，现在我们的兴趣是在继续变化之中，因而我们要求历史所解答的问题也大大改变了。我们近来有许多历史教科书，大胆地删除了许多沿袭已久、但无关重要的事实，而且企图把书中的记载同现在的需要联系起来。但是我以为这种推陈出新的方法还可以再进一步。即使在我们最好的教科书里面，仍旧包括着许多不值得青年男女注意的事实，而忽略了许多最值得叙述的事实。

我再说明一下：假使有一位眼光远大、富于同情心的人，因为大受现代面临的各种问题的感动——例如像梅特林克一样——并没有看过现在各种标准的大小历史著作，而对于人类的过去却了解不少；假使他忽然被引入真正的历史材料里面去，明白了所有人类过去思想同活动的遗迹，不但包括文献上的记载，而且还包括建筑物、图画、服装、工具和装饰品。假使他着手去编一部教科书，要将最有兴味的而且很有关系的事实记载下来，以备将来服务社会的儿童之用。你想他还会包括羊河战役①、萨谟奈战争②、罗马人围攻努曼提阿③、尼禄的罪恶、弗雷特里克·巴巴罗

① 为古希腊雅典同斯巴达战争中之一海战。公元前 405 年，雅典海军为斯巴达将军莱山得袭击，覆没于此。——译者

② 罗马人同萨谟奈人战争凡三次，第一次在公元前 343—前 342 年间。第二次在公元前 326—前 304 年间，罗马人大胜。第三次在公元前 298—前 290 年间，罗马人又获大胜。——译者

③ 古代西班牙半岛上之重镇。罗马人于公元前 133 年将它攻陷，毁其城，从此西班牙半岛隶属罗马。——译者

萨[1]的侵入意大利、亨利八世的六位太太[2]、三十年战争[3]种种事实么？可以断定，当他想一想数千年来人类的事业、思想、困难和希望，他必然不会把以上所说的、我们普通教科书里所包括的那些事实全包括在内的。

假使写历史的人，不专门注重战争、围攻和国王的行动，假使他写历史的目的不是想教读者去做好的军官和政治家，恐怕他一定要选择一些政治以外的事情作为线索。他可以说人类对于世界的知识、人类的义务观念、生产活动、建筑的性质和样式，实在比人类在某时期所制定的法律和他们所进行的战争更加有意义。所以要讨论在工业教育中历史学科所占的地位，我说过我绝不主张采用那些普通历史大纲。我主张我们应该暂时放弃普通对于历史的庸俗观念，而将这全部问题重新加以研究。

我们先要问问我们自己，当我们想到工业学校里面的青年男女的需要、能力、兴趣和他们将来的职业，究竟他们最迫切需要哪些过去事实，以便把他们培养成将来在生活和工作中，成为一些有知识的、有能力的而且幸福的人物呢？要好好地回答这个问题，我们首先要确定学生们所处的地位和工业教育所提出的要求。第

① 中世纪时期德国皇帝(1152—1190年)。当他在位时期，德意志的霍亨斯陶芬王朝达到了极盛时代。

② 英王亨利八世(见前)前后凡六娶。1509年娶阿拉贡之凯瑟琳，生公主玛利嫁西班牙王腓力浦二世。1533年与凯瑟琳离婚，再娶安娜·波琳，即女王伊丽莎白之生母，于1536被处死刑。是年英王再娶琪恩·赛莫努尔，即英王爱德华六世之生母，1587年卒。至1540年，英王又娶克莱夫斯之安妮，不数月即离婚。是年再娶凯瑟琳·霍华德，越三年又被处死。1543年又娶凯瑟琳·派尔，死于英王亨利八世之后。

③ 三十年战争发生于1618—1648年间，西欧主要国家多被卷入。

二，我想提出一些工业学生应该知道的、应该记得的，而且我以为最可以增加他们知识的那些人类过去的事实。我认为这些知识对于他们更为有用。

二

工业教育当然是一种专门教育。它的直接目的是尽快地把十三岁到十六岁的男女儿童培养成为技术工人。关于这种专门教育，我们此处可以不必多说。但是工业教育的目的不只是专门训练一些工作效率很高的技术工人，满足雇佣者的要求，因而可以比没有受过专门训练的工人获得较高的工资和较快的升级。现在从事工业生产的这个阶级是一个巨大的阶级。社会显然应该对这个阶级的后备队予以极大注意。这班未来的工人应该知道他们的地位虽低，但对于进行世界的工作却担负着重要的责任。应该明白他们地位的将来；应该对于他们的地位充满无限希望。

我们应该承认，近代工厂里面的状况并不是令人愉快的。在里面工作的人们往往在肉体上和精神上都是很忧郁的。从表面看来，所谓工业就是时时刻刻、日复一日、年复一年地，在声音嘈杂、污秽不洁的地方，永远重复着一种简单的工作。正如威可夫所说，每一个工人都在那里做一种特别的工作，但是他始终不知道他的工作的意义。结果他们“对于工作的进步并不感觉是自己的光荣，他们和资本家并没有共同的利害。他们没有责任感的快乐，没有事业心，只是把自己的劳动看成是一种枯燥无味的苦工，专望着放汽笛散工和领取工资两件事”。假使他这句话是对的，那么，我们

怎能希望工人觉悟他们的劳动具有社会的和工业的价值呢？又怎能希望他们明了他们的责任和设法改良他们自己的状况呢？这就是工业学校的组织者应该好好去解决的问题。

现在我以为他们要想解除工业上现存的流弊，他们不能不求助于历史——不过，我所说的历史并不是普通教科书里面的历史，而是那种足以说明我们的工业生活及其重要性的过去人类的经验和成就的各个方面。唯有历史可以说明工人所使用的那种机器的存在。机器这种东西是人类发明链条最后的一环。自从人类发现火石以后，已经经过几千年、几万年的工业进步。那几块火石是人类最早的工具，而且或者就是人类机械发明同社会进步的开始。工人可以从历史里面了解现在的分工制度是怎样来的（在这种分工制度中，他是身受其害的），他会知道现在分工制度的巨大社会意义，他会知道何以现在的制造品做得如此之快，卖得如此之贱，生产得如此之多。假使他们知道了这几点，当他们年长的时候，就能想法子去改良自己同工人的地位，不至减少工业的产量，调和经济效率和工人的福利——这本是工业生活里面一个重要的问题。

试举一例，从一个局外人看来，分工制度发生以后，工序已经变得非常简单，何以没有一种相对的趋势，使工人对于制造品的整个生产过程，能够有一系列贡献，这岂不是愚笨而且不幸么？单调无味的工作，可用随时合理交换工作的方法去加以挽救，使工人的全部体力和心力有合理使用的机会。现在工业上所存在的许多流弊，假使工人具有更高的知识、更富于同情而且更加机警，那么，他们很容易通力合作，来扫除这些流弊，而不至于在经济上产生重大

损失。

历史这门学问，不但可以使工人得到一个社会进步和社会未来的观念，并且可以对他提供某些事物的背景，使他可以在自己的环境里把这种知识利用起来，又可以丰富他的想象力，把他的思想扩大到工厂以外。在这里我只能列举几件人类发展史里最重要的事实叙述出来，这些事实足以激起青年男女的注意，而且以后可以使他们对人生得到一种新的认识。我们可以先说这个熟知的事实，即世界上能够工作的并不只是人类。人类假使没有工具，他的工作能力比不过蜘蛛同蜜蜂或黄蜂。有几种鸟类能够为它自己和它的家庭造很复杂的巢。关于人类的祖先，照现存的与人类相近的动物看起来，只能用树枝造粗糙的平台。当我们人类刚用后腿走路、前腿当手的时候，他的脑力才经过种种变化，使他们的脑筋超过最高级的类人猿。在这种长期的变化过程中，在人类文化的发达上，有两种极有力量的因素：那就是语言和工具的发明。

最初的人是一个比黄蜂还要粗笨无能的工人，但是他有一种长处，就是假使他很聪明，他不但常常能做他祖先没有做过的事，并且能够将他们的成就传给他们的子孙。黄蜂工作的技巧是怎样发达起来的，我们还不知道；但是直到如今它始终一样——同人类的文化不同，既不进步，又不退化；这就是因为这一代的黄蜂并未接受前一代的教育。假使现在有一个婴孩，绝对地不使他受教育，不使他模仿他周围的人们，那么，他的文化程度恐怕比狒狒高明不了多少。总而言之，人类的一切成就并不是先天的，而是经过历代的积累。文化的积累，并用通过广义的教育来传播它，这是人类最大的特点，也就是人类最大的义务。人类社会发展的大部分，我们

所接受前代遗产的大部分是和我们所用的工具密切地联系着的。我们可以根据人类使用的工具追溯到数千万年前人类的历史。说实在的,最古人类只有通过他们所制造的几块火石才把他们遗迹遗留下来。法国人类学家曾经根据工具的种类和精粗将旧石器时代的人类,分出许多时期。照这样看起来,人类的历史就从人类的工业开始的。现在,广义的工业的发达程度恐怕还可以作为一个试验文明程度高低的标准和研究文明变化的线索。

大约当七千年或一万年以前,欧洲最后冰层退去[①]之后,就有所谓"新石器时代"[②]的文化出现,有种种经过磨光的石器、陶器、农业和家畜。这个逐渐使用金属工具以前的时代,好像新旧世界都经历过。这是在埃及、巴比伦文化还没有发生以前的时代。四百年前欧洲人所看见的美洲土人的状况还是如此;现今在世界各地还有这种原始文化继续存在。要向儿童们生动地说明人类文化发展那一个中间过程,应该没有什么困难的。这个时期的文化,从类人猿的眼光看起来是如此复杂;但是从希腊、罗马人的眼光看起来却是如此简单。

最近关于古代埃及文化的许多发现证明了:在公元前四千年以前已经有一个超过新石器时代的文化在那里出现。当时已经有了一种写起来很快、形式很美的文字发达起来,开始用铜制造器皿,而且将它淬制坚固以后,还可以用它制造工具。古代埃及人看

① 最后冰层北退时,约在公元前15000年。——译者

② 此期约在公元前7000—前2000年间,在此时期,人类开始能制造磨光石作工具,并且发明制陶的技术。——译者

起来好像是一种辛勤劳动、非常实际的人，对于商业颇有兴趣。所以在他们所留下来的图画里面，最突出的是司账的人。埃及的艺术和当时的环境和工业有密切的关系。布莱斯提德[①]曾经说过："埃及人的匙柄上刻有荷花，他们的酒斟在荷花式的深蓝色杯子里；他们卧床的四柱是用象牙刻成牛腿形，他们房屋的天花板上刻有星辰，下面有形状像棕树的柱子架着，柱子的上端刻有低垂的树枝。"

至于希腊人的工艺也可以很容易地和他们的美术和人生观联系起来。这样，可以对希腊人的特点要比普通只讲政治和战争的历史教科书里面所说的更加显著。我们现在还有许多希腊时代留下来的可爱的花瓶、酒杯、大盘、手镯、耳环、镜子等物。我们对希腊人的家具以及他们的神庙和剧院便可以形成一个极好的概念。

希腊人虽然比以前我们所知道的人重视美的东西，但是一班有闲阶级对于体力劳动却是非常鄙视。这也是很自然的，因为当时几乎所有手工业生产完全由奴隶去做。奴隶阶级常常用战俘来补充，人数很多，足够制造所有的必要商品。亚里士多德在他的《政治学》的有名的一章中说：奴隶制度是符合于自然的，因为世界上常常有一大部分人除了做奴隶以外，并无其他用处。虽然他也承认有许多人应该是自由的，因为运气不好，以致沦为奴隶；有许多人是天生的奴隶。高尚科学的目的并不在于实用，他们的尊严就是为此。只有那些不用手去劳动、有暇用心的人才可以研究高

① 美国著名埃及学家（1865—1935年）。著有《埃及史》、《古代埃及史料汇编》等书。——译者

尚科学。塞内加[1]竭力反对各种实用的技术是由特殊天才的人所发明的那个观念。他说这都是最下流的人们的粗野设计，而且应该由奴隶去做。亚里士多德在他的《形而上学》一书中也曾说：好像所有可能的而且有用的技术都早已发明了，再也没有了。所以在古希腊时候，哲学家的意见同奴隶制度的存在联合起来贬低工业的地位。因此，有人用他的手和脑去做有用的东西的时候，就要被人家藐视。越是不做有用的东西，他越有希望上升到一个人和一个哲学家的高尚地位。

罗马人的工业是从希腊传下来的，后来又流传给中古欧洲，在这过程中根据当时社会风尚、生活习惯的变化有了一些改变。到了12世纪，城市兴起了，各种手工业行会同时也发达起来。各行业的师傅们在政治上也逐渐获得较为重要的而且尊贵的地位。普通的手艺人也已经不是奴隶或农奴了。因此，自希腊罗马以来，对于手艺方面那种轻视的态度于五六百年以前在西欧一带已经消灭了。这种工业恢复的开始，在当时的以职业为姓氏那种习惯上得到了反映。当时人对于下面这种姓氏已经不觉得耻辱了，如裁缝、辘轳匠、织工、五金匠、漂布工、桶匠、酿酒匠、箍匠、烛匠、弓矢匠、陶器匠、制角匠、鞣皮匠等。

自13世纪以来，大家才知道工业有时可以用新的发明去加以改革。例如熔铁的方法发明以后，铁器可以铸造了，不必像从前那样非锻制不可。炼术士想找出一颗金丹来，能将黄铜变成黄金，或

① 古代罗马哲学家。曾任皇帝尼禄的师傅，属于斯多噶学派，于公元65年为尼禄所杀。——译者

者将黑铅变成白银，以使人们长生不老。他们忽然发现了一些意外的物质，因此就奠下近代应用化学的基础。但是在18世纪以前，在工业上还没有显著的变化。当路易十五世[①]时期，发明家虽然很多，但是西欧方面的人还是使用旧日简陋的方法纺纱织布。货物的运输还是全靠很迟缓的笨车，从伦敦到罗马的书信，费时之多还是和君士坦丁大帝时代一样。

但是当时有思想的人已经逐渐发现了两个真理。第一是那些平常的、普通的、平淡无奇的事物的重要性。第二是我们可以利用我们对于普通事物的知识来提高人类的幸福。上古和中古的思想家对于物质世界都没有注意。他们远远地离开自然界，如培根所说，“专在他们自己的理想和谬见里面翻来覆去”。他们不在那个大世界里面去寻求真理，而专在他们的小脑袋里面去寻求真理。当有些第一流的人物放弃了真、美、善和三位一体中彼此的关系这类问题，而去研究牛乳怎样在热的气候里面容易变酸，或者研究何以通过玻璃杯看到的东西特别放大等问题，他们的态度就已经从旧的过渡到新的方面来了。

在17世纪以前，欧洲人还没有大规模地用我们近代的研究精神去做细密的观察、实验和计算。从此以后，知识累积的增长和利用知识来增进人类幸福的进步，实在是史无前例的。关于近代无数的重大发明和这些发明对于我们生活所引起的革命变化和我们的进步观念，我们此处就是加以概括地叙述也是不可能的。但是这些历史事实比从前所谓正统的历史书中所记载的君主、武功、条

① 法国国王(在位年代1715—1774年)。——译者

约、国会的讨论和立法更加具有吸引力和重大意义了。

并且,如果我们将这些事实清楚地表示出来,那么,关于蒸汽机所引起的巨大变化一定可以激起青年的兴味,因为机器对人类社会的影响,比自古以来所有君主和国会的一些命令更加重大得多。1704年,英国人纽康门①发明了一种蒸汽机,用来抽水很笨重,效力不大,人们对它并未抱着很大希望。但是它后来却成为世界史上一个最大的革命力量。使用这个蒸汽机抽水,工人们能够控制矿坑中的水,使它不再成为采取煤和铁的障碍。有了铁才可以造新机器,有了煤才可以运转新机器。既然有了煤、铁和蒸气,所以无论新的或旧的产品都可以空前地增加。而且既然有了煤、铁和蒸气,就可以把各种物品输送到世界各地去。用机器装备起来的工厂出现了,以工厂为中心的城市兴起了。于是人类的工具重新成为人类进步的动力和标志。近一百五十年来的变化,比过去五千年来的变化还要巨大。正如过去人类用了一根木棍和一块火石作工具,人类就开始了知识的发达;近期有了蒸汽机,于是人类的活动、利益和社会及道德问题就开始扩大起来,不知何日才达止境。

正如我们所深刻而悲惨地感觉到的,工业革命虽然增加了我们的幸福,扩大了我们的知识,因为交通方便的缘故,使我们世界各地更加容易到达,彼此接近,但是工厂里面工人的情况恐怕比希腊、罗马的奴隶更加恶劣。不过,我们不能过分地希望西欧一方面产出一种物质状况上的空前变化,另一方面又要免除了这些变化

① 英国著名发明家(1663—1729年)。——译者

所引起的流弊。长时间的劳累，单调无味的工作，重复那些因分工制度而带来的琐碎工序，这种分工制度虽然提高了效率，但是降低了兴趣。再加以微少的而且不稳定的工资和种种连带而来的恶劣状况，这都是现代工业上的严重缺点。

对于这些缺点，以下的情况使我们有迅速改良的希望，那就是我们现在已经有了一种社会公平的观念，即对于经济和社会措施的更加重视和对民主教育的热心。中古时代那种没有思想的慈善事业到现在已经成为一种有组织的社会事业，这种事业是由人类的同情和科学的研究结合起来的产物。假使机器发明产生了一种新的奴隶制度，那么，机器发明也能产生一种消毒品。因为有机器的发明，对人类的贫困——即无衣无食无住所——有完全废除的可能。因为现在的人类拥有足够的蒸气、电气等等能供给人类生活上的需要。如果加以适当的分配，就不会有人还缺乏日用必需品。更加重要的是和工业革命同时产生的尊重劳动的看法，这是亚里士多德所不明白的。托尔斯泰[①]这班人不想有一种脱离劳动的一种完全无缺的生活，反想将劳动同余暇结合起来成为一种快乐的理想生活。生产的劳动，如果在适当的状况下，有计划地去进行，而且工作的期限要适合于工人的体力同其他生活上的责任，那对于身心性格都会产生最好的结果。我们虽然还没有达到这个快乐的地步，至少我们再不会藐视劳动，我们也不以为体力劳动是耻辱的。

① 俄国著名文学家(1829—1920年)。其作品有《复活》、《安娜·卡列尼娜》和《战争与和平》。——译者

我们现在再研究以上所说种种问题和工业教育的关系。工业教育本身就是我们以上所追溯的长期历史过程的最近产物。据我看来，我们上面所述的那些事实，就是我们急需使工业学生知道的事实。这种教育可以使他们具有一种人生态度，这种态度不但可以使他们成为最好的工人，而且可以使他们对于他们的工作有个明智的理解，使他们协力帮助清除他们所遭受的那些工业上的流弊。怎么样能够将上面所述种种历史的研究很容易地、永久地而且很自然地印入学生的头脑之中呢？这种研究不但可以满足接受工业教育的学生们的特殊需要，而且可以提供一种最好的、唯一的方法去扩大他们的眼界，提高他们的道德知识水平和对于进步的热心，这种热心只有把现在和过去联系起来才能产生。

第六章　“罗马的灭亡”

一

历史学家写书时往往对于时代的起点和终点，感觉困难。为了他自己和读者的便利起见，他常将历史分为几个时期。既然选定了起点同终点以后，他就极力地说明分期的标准很有理由。他知道得很清楚，假使他是一个近代史家，尤应知道他这种分期的方法，实在勉强得很。他一般地承认这一点，但是他为了要替分期的方法进行辩护，因此他对历史分期的不科学性就讳莫如深。这就是普通历史学家的正规办法，他要把历史发展的连续性和在叙述上的条理性调和起来，因而他就隐瞒了他对历史的真实性的冒犯。我们对于旧日的历史学家可以加以原谅，因为“历史的连续性”这个观念，本来是近代的产物——19世纪的产物。从前历史学家都以为英雄人物、著名战争或上帝的干预，常常骤然来打断人类事业的进展。这种观念，只有当历史学家专门注意过去特殊的事件才能维持。但是一旦历史学家要来注意全部关系人类利害的事情和对人类具有永久性的事业，而不是去注意那些偶然的和过渡性的事件，他就会看出人类一般的变化一定是迟缓的——非常

迟缓的。

关于这一点，前面已经说过，是因为两个原因：第一，就是所有高等文明体系都是异常复杂的。假使我们想到5世纪、10世纪或18世纪时候全部人类的兴趣，就会知道一个人、一次战争或者一个条约断不能立刻将当时宗教的、知识的、美术的、科学的、语言文字的、工业的、商业的、法律的、军事的、政治的思想和习惯统统改变。一次战争或者一个条约也许可以改换一个国家的君主，一种很厉害的瘟疫也许可以影响他们的经济状况；但是在历史上看起来，没有一次骤然的变化改变了大部分人类的习惯、风俗和制度。

历史连续性的第二个原因，是人类的惰性和缺乏思想。这两种心理的特点很可以说明为什么虽然在一个范围里面发生了一个骤然的变化，但是有许多旧的东西仍旧遗留到新的时代。最显著的事例，就是法国虽然经过一次大革命，但是许多18世纪法国政治的特点仍旧存在于现在法国政治生活里面。

从上面几件事实看来，我们对于传统的“历史分期”方法，不能不表示怀疑。因为这种方法，以前的人虽然赞成，但是到了现在，实在没有可以辩护的理由。

无疑地，我们自小就养成这个观念，以为罗马灭亡以后，中古时代就开始了。经过一个长期的黑暗，人们发现了希腊人和罗马人的著作，人类好像从冬蛰中醒来。这就是文艺复兴时代，它为引起近代精神觉醒做了准备。至少新教徒是这样相信的。继起的危机就是引起大众注意的法国革命。我们普通所用的教科书和高等学校的历史课程还是根据这种分期的方法。

每个有思想的历史学家都知道这种分期方法的缺点，他很知道要断定中古时代起源的困难。特别是近代史应起于何时,那就更难确定。至于“革命”,我们好像还是在革命之中。但是普通历史学家往往不知道这种分期所引起的恶果。上面所指的那些“时期”,不但需要加以批评,而且表现对于过去一个完全错误的看法。

近代历史学家慢慢地知道,全部西欧的历史的分期以中古初期和中古末期间那个分界为最明显。当12世纪时,欧洲人对学术兴趣的觉醒推动了大学的建立、罗马法的复兴、教会法的编订、基督教会初期著名神父神学理论的整理,此外还有城市生活的发达、商业的扩充、哥特式建筑的兴盛和优美的方言文学的发达。

到了13世纪的初期,欧洲学术界的注意慢慢地集中到古代最大的哲学家[①]。他的著作重新传播于西欧学者的面前。所谓文艺复兴,它的成就实在不能同12世纪及13世纪的成就相比较。虽然当14、15世纪的时候,在意大利诸城市发生了一种和昔日大不相同的有趣味的文化和惊人的美术。但是,这种文化和美术的出现使我们对于那个时期的变化估计过高。当时的贡献对于一般的变化影响并不太大。照我们要建构历史连续性原理的人看起来,文艺复兴时代的文学家、哲学家,甚至美术家,都表示出在学术上一种非常保守的精神。他们很少能够超出古代的迷信,对于世界知识贡献很少,而且常常受到新柏拉图派神秘主义的迷惑,如菲西诺、皮科[②]和罗伊希林[③]等,就是最显著的例子。

① 指亚里士多德。——译者

② 意大利文艺复兴时期著名学者(1433—1499年)。——译者

③ 德国著名人文主义学者(1455—1522年)。精通希腊文及希伯来文。——译者

前边曾经说过，我们可以读古人的著作，但是我们的心理态度，不一定就因此变成希腊的。我们可以断言，当我们对于中世纪时代的知识和我们对于自己时代的认识提高之后，我们就会感觉到文艺复兴时代这个时期，作为一个特殊时代的特点，就逐渐消逝了。但是现在许多历史学家还把文艺复兴时代看作一种光明的精神照耀着欧洲，感动了这个著作家或那个画家和建筑家，而其余的人则留在中古黑暗里面。

对于要断定近代史开端的人有三个历史事件可以拿来作为很好的起点：第一是 1453 年土耳其人攻陷君士坦丁堡；第二是 1492 年新大陆的发现；第三是 1517 年路德张贴他那篇攻击赎罪券的论纲。但是这三个事件，实在并不像大家所想的那样重要。有人以为君士坦丁堡陷落这件事逼迫着希腊学者逃到西欧去教授希腊文，以资糊口，因此恢复了古代学问的知识，并引起文化的提高。这种看法是经不起我们细加研究的。希腊学问的复兴，在君士坦丁堡没有陷落以前五十年，在意大利方面已经进行了。当时奥里斯帕和费莱尔弗[1]这班人已经从拜占庭带了许多希腊手写本书籍，意大利的人文学者已经在那里辛勤地进行翻译。虽然君士坦丁堡陷落以后，有少数希腊学者逃到西欧去，但是我们看不出西欧方面人文主义的进展因此就受了什么影响。所以从学术的和文学的观点看来，君士坦丁堡陷落这件事实并没有什么重要意义。

至于美洲的发现，我们要知道美洲并非真正发现于 1492 年，

① 意大利人文主义学者（1398—1481 年）。曾在君士坦丁堡学习，精通希腊文。——译者

因为哥伦布直到死的时候，还以为他是由水路到达了印度。一直到1610年，亨利·哈得孙[①]还希望要从哈得孙河达到太平洋。按照现代我们的看法，一个新半球的发现一定会引起眼界的扩大。但是哥伦布的航行的重要性，在欧洲人心目中，认识得很慢，以致在数十年间并未引起重大影响。

至于路德关于忏悔的意义那篇经院哲学式的论纲，标志着世界史一个新时代的开端。虽然在此以后十五年至二十年间，北欧方面有几个国家脱离了罗马教会，并且反对罗马教皇的统治，但是路德那篇论纲虽不能说他不是这种状况的一个推动力量，但是对瑞士和英、法诸国并没有发生什么直接的影响。

二

在普通历史教科书同标准的历史著作中，历史分界最显著的莫过于“罗马的灭亡”这个事件了。大家都认为“罗马的灭亡”这件事在历史上开辟了一个新纪元。日耳曼民族侵入了罗马帝国，自奥古斯都开始的罗马帝国的皇统于公元476年断绝了。普通人以为西罗马帝国的瓦解是欧洲一系列重大变化的开始。这种意见虽很自然，但却是很错误的。日耳曼民族的侵入虽然引起许多重大的结果，但是这些结果都是逐渐发生的。实在说起来，在中世纪初年，欧洲方面并没有什么新奇的变化。失去的旧东西虽然很多，增

① 英国著名航海家与探险家。于17世纪初年在北美探险，约死于1611年。——译者

加的新东西却是很少。许多中世纪时代的特点——如僧侣、圣人和神迹，寓言与象征，七艺，罗马基督教会和它的特权以及其与政府的特殊关系等等——在410年阿拉里克攻陷罗马以前已经很发达了。所以“罗马的灭亡”这件事至多也不过是一种极为肤浅的分界，仔细研究起来，就要失去以前历史学家所给予的那些重要性。历史的连续性比当时的变革显著得多。下面所述的就是公元5世纪时期的详细情形，可以表明传统历史分期方法的危险性。

当公元398年狄奥多西大帝死去时，罗马帝国还是统一的。当时帝国有一种很复杂的官僚机构担负统治责任。我们如今还有一张当时的职官表流传下来。百年以后，帝国的西部已处于瓦解状态。当时罗马帝国里已经有法兰克、阿勒曼尼、勃艮第、西哥特、东哥特、汪达尔等族的国王统治着大小不等的国家[①]。

我们要详细追溯罗马帝国瓦解的过程已经是不可能了。实在说起来，当时的变化是如此复杂、如此分歧、如此缓慢，以致即使我们对于5世纪的事实好像对于19世纪那样清楚，也不能将当时的革命说得很清楚。因为这个革命本身是曲折的、晦暗的。但是，我们就连最突出的、最惊人的政治事件，还很不明白，对于当时的情况也很模糊。过去许多著作家如吉本、霍奇金等人竟将当时的许多人物同事实详细地叙述出来。他们同其他著作家竟对帝国“灭亡”的原因，做出许多解释。我有一个朋友，近来为了好玩，曾经将各种历史教科书里面关于帝国灭亡的原因搜集起来加以统计，居然得了五十个。这些理由当然都是猜想之词。就连那几个一般承

① 这些都是日耳曼人在西欧所建立的国家。——译者

认的理由,如帝国人口的减少、日耳曼族的勇敢善战、与精力的充沛等等,据古朗日[①]说也都是毫无根据的。

本章的目的是:第一,要把关于5世纪的史料性质简单地研究一下(所有这些资料在美国较大的图书馆中,很容易找到);第二,要说明当时著作家所见到的罗马帝国瓦解的表面过程。我对于395年所谓罗马皇帝狄奥多西把帝国分为两部那件事要特别说明一下。再说一说公元410年阿拉里克攻陷罗马以前的事情。最后再说明公元476年所谓“西罗马的灭亡”究竟是怎么一回事。

三

第一,关于此时期的史料,最可信的当然是《狄奥多西法典》和它的补充,即所谓《新法》以及《查士丁尼法典》[②]中所保存的法律条文和政府命令。这几种法典里所载的命令,一部分是颁发于5世纪的。他们很可以说明罗马帝国的组织和它的积弊;其中并且往往载有官吏的姓名,有时还记载事实。可惜这种命令都采取一种华丽的、讲演式的文风,因此我们要明白它们,不能不费一点儿工夫。

关于5世纪的历史,当时没有很好的著作家,像朱里安皇帝的

① 法国著名历史学家(1830—1889年)。著有《古代城市》及《古代法国政治制度史》等书。——译者

② 东罗马帝国皇帝查士丁尼,他于公元527年命特里鲍尼等人编纂罗马帝国法典,结果编成《查士丁尼法典》、《法令汇编》、《法学阶梯》及《新律汇编》等书,合称《罗马民法法典》。——译者

名将阿米亚努斯·马赛林努斯[①]那样能够将 4 世纪以前的事实记下来。这是一部很好的历史,一直记到 378 年皇帝瓦伦斯败死于阿德里亚堡为止。过了一百五十年的样子,才有一个好的著作家普洛科庇乌斯[②]将查士丁尼对哥特人、汪达尔人和波斯人的战争记载下来。他的著作至今犹存。在他们之间,我们知道有好几种历史著作,但是完全传下来的,大部分都是研究教会的东西。我们对于阿米亚努斯以后三十年的历史,不能不依赖卓西姆斯[③]。他是罗马帝国东部的一个官吏(伯爵),他的著作好像是在 5 世纪的后半期写成。他的著作的最后一部分已经失去了。所以阿拉里克陷落罗马以前的事情忽然中断了。他痛恨基督教徒,他把当时种种的不幸都归咎于罗马人抛弃了旧日保护国家的那些神而信仰基督教。

有几个较好的希腊历史学家的著作的残篇流传下来,其中最著名的就是弗提乌斯。他本是君士坦丁堡的一个主教,生活在 9 世纪后半期。他一生的困难很多,但却利用余闲的工夫将他自己的藏书编出一种简单的提要。所以我们现在至少还有一种当时著作的提纲。例如奥林匹奥多鲁斯[④]所著的历史是从狄奥多西死后说起的,这就是卓西姆斯历史的蓝本。另外有一个提纲的纂辑

① 阿米亚努斯·马赛林努斯(约 330—390 年)。曾著《罗马史》迄 378 年皇帝瓦伦斯战殁。——译者

② 希腊历史学家。著有《皇帝查士丁尼战史》。公元 565 年卒。——译者

③ 希腊人(408—450 年)。著有《罗马皇帝本纪》一书,自奥古斯都起至公元 410 年止。他把罗马国势衰微归咎于放弃罗马人的旧教。——译者

④ 5 世纪希腊历史学家。著有《西部帝国史》,用希腊文写成。——译者

者,就是很有学问的皇帝君士坦丁·波菲罗吉尼图斯[①]。他曾经下令将所有最好的历史著作中值得保存的材料,都搜集起来,汇为一编,分为五十三卷。这部大书现在已经残缺,其中有两卷关于重要使臣往来的记载是重要的。举一个例:关于5世纪一段最好的历史保存下来了——即普里斯库斯叙述他去拜访匈奴王阿提拉[②]的一段记载——就是这个热心学问的皇帝的功绩。还有一段也是他保存下来的,就是6世纪的时候马尔库斯所说的奥多维克[③]于476年派使臣到君士坦丁堡那件事。

有几个教会的历史学家自中古以来到现在还是有名的。其中最著名的是奥罗修斯。他在少年时代曾受到奥古斯丁的鼓励,著了一部世界通史,他的目的就在于攻击深信异端的民族。他说他的宗旨是搜集过去历史上各种天灾人祸——如战争、疫疾、饥馑、地震、水灾和种种大罪恶——条分缕析地来说明在基督教没有传入欧洲以前,当大家还是崇奉异端神道的时候,世界上并不比以后幸福。他那部《反对异教徒的七部史书》最后的十余页是叙述5世纪最初十八年间的事情。他所说的事实,他以为人人都知道,他的唯一目的是证明敬畏上帝的人一定得到幸福;相信旧神的人就要遇到死亡。所以我们对于他的著作不能过分重视。他的著作的可信程度和今天那些职业传教士的耸人听闻、浮夸浅陋的

① 君士坦丁·波菲罗吉尼图斯,东罗马帝国皇帝(即君士坦丁七世,在位年代913—959年)。著有历史及政治的书籍。——译者

② 匈奴王,公元451年为罗马联军击败于沙龙。——译者

③ 本系蛮族,后入罗马任禁卫军官,废奥古斯都鲁斯,自掌大权。公元493年被东哥特王西奥陶里克刺死。——译者

说教差不多。

关于5世纪的头六十多年间，我们有几个希腊教会历史学家，那就是索格拉蒂斯[①]、索佐门努斯[②]和狄奥多莱[③]等人。他们最注意的是异端、僧侣、神迹这类东西。关于当时的事实反而不十分注意。对于当时的政治史，叙述得尤其少。

在中古时期的编年史里，虽然编纂的人很喜欢给我们一种历代执政官的名单，而且有好些年代没有记载，但我们有时也可以搜集到几段很简单的记载。但是从普罗斯波[④]的著作里面，我们可以得到一种提示，他生在5世纪，他的编年史叙述到454年。至于马赛林努斯在查士丁尼时代所著的历史，蒙森已经把他的残篇搜集在一起。不过这一类的史料异常模糊而且难读。

还有基督教圣徒的传记，虽不很经常但有时也提到当时的事情。埃诺狄乌斯约在公元505年所作的《帕维亚主教埃庇法尼乌斯主教传》里，就常提到里基默尔[⑤]、奥列斯特斯[⑥]、奥多维克这班人和当时扰乱的状况。当时的史料如此缺乏，所以研究历史的人不能不竭力去利用各种暗示，甚至不能不利用当时人的诗和当时人所作的颂赞。在6世纪初年，有一个克劳狄安[⑦]曾经写了一篇极

---

① 4世纪至5世纪东罗马教会史家。著有教会史，述406—439年间事。——译者

② 5世纪东罗马教会史家，著有《希腊教会史》。——译者

③ 安提阿克教会史家(390—457年)。——译者

④ 高卢人，生于5世纪，著有编年史。——译者

⑤ 罗马蛮族军官。公元456—472年间统治意大利，曾立皇帝四人。——译者

⑥ 班诺尼亚人，是皇帝罗摩罗斯·奥古斯都鲁斯之父。后为奥陶瓦卡所杀。——译者

⑦ 公元4世纪时期著名希腊纪事诗人。曾著《斯提里克武功颂》。——译者

好的六音部的颂扬斯提里克[①]的赞诗。但是他的论调不但太偏，而且因为他这篇文章原来是一种韵文，所以不能将真实的事迹叙述出来。我们普通以为阿拉里克从蹂躏希腊归来以后，罗马政府曾经命他做一个罗马官吏，这种说法就是从克劳狄安的两行诗里得来的。

在5世纪后半期，有一个很有名的著作家，叫作阿波利那利斯·西多尼乌斯[②]。他前后赞美过好几个罗马皇帝，第一个就是他的岳父阿维图斯。他所提到的事实，没有克劳狄安那样明白可靠，也没有那样简明清楚。但是现在仍保存许多西多尼乌斯的信札，读了一遍，就可以知道5世纪后半期的法兰西虽然有勃艮第人、高卢人和法兰克人，但是仍旧有人可以进行文学的研究和在美丽的农庄中避暑。除了他的信札以外，我们还有教皇利奥一世[③]和埃诺狄乌斯这班人的书札保存着。

四

我们现在将罗马帝国分裂这件事研究一下。普通以为罗马帝国自从公元395年狄奥多西死后，分为东西两部；东部传给他的大儿子阿尔卡狄乌斯，西部传给他的小儿子荷诺里乌斯。这个观念印入普通读者的脑中如此之深，教科书里面复述这句话如此之普遍，我们在此处可以不必再去细加叙述。我所以从两种最通行的

---

① 汪达尔族人，任罗马军官。皇帝奥多西死后，他统治罗马西部。403年在拉维那被刺死。——译者

② 生于公元430年，卒于487年或488年，472年为主教。——译者

③ 公元440—461年间罗马教皇。——译者

教科书里面引出后边两段文字，并不是因为他们比别的课本错误还多，实在是因为他们最可以代表那种谬误的观念。

“自狄奥多西死后，其二子阿尔卡狄乌斯与荷诺里乌斯再度将帝国分为两部。从此罗马帝国事实上就永远分为东西两部，欧洲历史上遂有东西二帝国之称。东帝国存在了千余年，而西帝国不到一百年就灭亡了。”

另一位作者，在用大字印的“帝国的最后分裂”的标题下，叙述如下：“狄奥多西在位之日是罗马帝国最后的统一时代。自公元392年至395年，他是唯一的皇帝。他临崩之际，将帝国分给他的两个儿子，阿尔卡尔狄乌斯及荷诺里乌斯。长子年十八，分得帝国东部；次子年十一，统治帝国西部。这是罗马帝国最后的分裂——这是大国分离趋势的结果。东西二帝国在历史上的分裂从此开始。”

上面所引的两段文字，其中最严重的错误有三点：(1)罗马帝国并没有分裂过，它始终是一个国家；(2)狄奥多西并没有做过罗马唯一的皇帝；(3)东西二帝国在历史上的分裂并不是从狄奥多西开始。当时人对于阿尔卡狄乌斯和荷诺里乌斯承继他父亲的帝位这件事，并没有感觉奇怪，因为阿尔卡狄乌斯在他父亲未死以前，已经做过十一年的皇帝；荷诺里乌斯也已经做过三年皇帝。在当时法典里面还保存下许多命令，都是用父子的名义发布的。关于帝国分裂这段事实，说的最详细的恐怕要算奥罗修斯所著的历史了。他不过说：“在罗马建城后1149年，皇帝阿尔卡狄乌斯(他的儿子狄奥多西二世统治东帝国)和他的弟弟荷诺里乌斯开始共同统治帝国，只是各有各人的都城。”卓西姆斯说得更加明白：“皇帝

狄奥多西既分意大利、西班牙、凯尔提卡及利比亚给他的儿子荷诺里乌斯，自己在去君士坦丁堡途中得病而死。”

奥罗修斯所说的当时状况非常正确，因为他是根据当时的习惯和狄奥多西法典以及查士丁尼法典来说明的。从公元161年，马尔库斯·奥勒里乌斯皇帝[①]命维鲁斯来协同他统治帝国以后，直到戴克里先皇帝为止，帝国的法律往往用两个或两个以上皇帝的名义颁发下来。自从戴克里先以后，数帝并治的局面更加普通；帝国的命令也往往用两个、三个或四个皇帝的名义发布。

罗马帝国里同时有两三个皇帝进行统治，这件事在我们现在看起来，好像是一种名词上的矛盾。但就罗马人的眼光看起来，并不如此；因为他们自古以来就惯于有两个行政官或保民官统治全国，他们的权力和地位全是一样，不过在责任上稍稍有点区别罢了。至于两个或两个以上皇帝，他们都是最高统治者。他们之间的关系和从前那种行政官的关系一样，仍旧用非正式的方法来决定，那就是：儿子当然服从父亲，青年无名的当然附属于年长有名的。

假使我们能够将阿米亚努斯·马赛林努斯所说当时选举皇帝那件事实参考一下，我们就可以明白当时的状况。我们知道皇帝朱里安[②]于公元363年在巴比伦阵亡了，承继他的人约维安几乎是当选之后就死了。

“因为有种种不幸的事情，使两个皇帝忽然在短时间内都死

① 罗马皇帝（在位年代161—180年）。——译者

② 罗马皇帝（在位年代361—363年）。——译者

了。当时军队将皇帝约维安的尸体——预备送到君士坦丁堡去——举行葬礼以后，就向尼西亚[①]开拔，同那地方帝国的文武官吏研究一种应付危局的方法。当时虽有些人怀有妄想，大家都以为非选一个很有威严的、很有智慧的人来继承大统不可。"

"当时有一种谣言说：一部分人想提出斯古塔里第一区的保民官埃奎提乌斯来做皇帝，但是当时一班有势力的人们不赞成，认为他太粗野；他们的意思很愿意举约维安的族人雅努利乌斯来做皇帝，他本是在伊利里库母地方[②]做军需官。但是大家也反对他，因为他现在距离太远。于是大家一致地选举了天命攸归的瓦伦提尼安[③]来继承大统，因为他的资格既好，而且所在又近。他本来是斯古塔里第二区的保民官，曾留任在安西拉地方，原定他应随后登位。当时对于皇帝的选举，既然没有人反对，所以立刻派人去请他快来即位。中间有十天工夫，罗马没有皇帝。"

瓦伦提尼安到达之后，穿上皇帝的袍服，戴上皇冠，大众欢呼他为皇帝。但是他想演说的时候，四围的兵士忽然大声疾呼，要求他立刻推举出第二个皇帝来。瓦伦提尼安回答说："你们要选举一个同事来同我共负皇帝的责任，本来有许多很好的理由，我当然没有疑问。而且我自己是一个庸碌无能的人，对于国家大计，我一人当然担当不了。……我希望运气来帮助我，可以找出一个很聪明的而且极和平的人。"

---

① 城名，在小亚细亚，为两次宗教大会之集会地，因此著名。——译者

② 地名，在今亚德里亚海东岸一带地方，即希腊半岛之西部。——译者

③ 公元364年即位，375年卒，以善战著名。——译者

瓦伦提尼安到了君士坦丁堡之后，也想到他自己所负皇帝的责任太大，所以决意不再延宕了。他得到大家同意之后——实则没有人敢反对——就带着他的弟弟瓦伦斯(364年即位，378年卒)到了城外近郊，宣布他是罗马的皇帝，代他穿了皇袍，加了冕，两人同坐车子回到城中去，然而事实上他的弟弟好像是他的仆从一样。

“在这个时候，罗马国内战云密布，四边的蛮族都要向他们最近的地区侵入。阿勒曼尼人蹂躏了高卢[①]和拉提亚[②]地方；同时萨尔马提亚人[③]、夸迪人又骚扰潘诺尼亚地方[④]。还有皮克特人[⑤]、萨克森人[⑥]、苏格兰人和阿塔古提人也常来进攻不列颠。此外奥斯托利安人同摩尔人[⑦]等蛮族又进击非洲；此外还有哥特强盗常常劫掠色雷斯[⑧]一带地方。”

冬天过了，“两个皇帝和衷共济地——一个是正式选出的，一个是形式上的同僚——经过色雷斯到了尼西亚，他们将军权分而为二。此后再到了塞尔米乌姆地方又将政权分而为二。瓦伦提尼安前往米兰[⑨]，至于瓦伦斯则回君士坦丁堡。”

不久瓦伦提尼安正在高卢从事战争的时候，忽然生了病，当

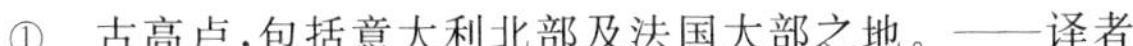

① 古高卢，包括意大利北部及法国大部之地。——译者

② 在今瑞士。——译者

③ 原居亚洲西部，后又移居黑海及东欧一带，与斯拉夫人混合。——译者

④ 罗马省名。在今奥地利、匈牙利一带地方。——译者

⑤ 凯尔特人的一支，居苏格兰。——译者

⑥ 日耳曼人的一支，其中有一部分自德意志移入英国。——译者

⑦ 居住在非洲北部阿拉伯人之总称，自7世纪后，信奉伊斯兰教。——译者

⑧ 在欧洲东南隅，东濒黑海，南濒爱琴海，北达多瑙河。——译者

⑨ 城名，在今意大利北部。——译者

时就有人提出一个官吏名叫鲁斯提库斯·朱里亚努斯的来承继他做皇帝。但是，同时又有人主张拥戴一个步兵的军官塞维鲁斯。

“但是这些计划都没有实现，因为当时瓦伦提尼安的病，经医疗后已经好了；而且他自己知道是死里逃生，所以就想传位给他的儿子格拉提安[①]。因为儿子快成年了，于是就预备传位的事，军队也收买好了。格拉提安到达之后，他父亲为了要大家欢迎他，所以将他带到一个空旷地方，站在一个高台上面，四周围着一班贵族和官吏，牵着他儿子的手，演说一番，将未来的君主介绍给军队。”

七年之后，瓦伦提尼安就死了。“当时经过详细讨论之后，议决请他那四岁的儿子——亦名瓦伦提尼安——来继他做皇帝。这个小孩当时和他的母亲查士丁娜住在穆罗秦塔镇，离都城有一百多哩。当时各方面对于这个决议一致赞成，就派他的叔父凯尔米莱斯去请他即位。不久孩童皇帝果然坐肩舆到都城来了。在他父亲死后第六天，他就宣布为新皇帝。当时有许多人以为这次选举皇帝时未得到他们的同意，格拉提安一定要发怒的。但是事后的一切忧虑都是不必的，因为他是一个聪明而和气的人，他和新皇帝异常要好，而且很用心地抚养他。”

以上几段引文，很可以说明当时选举皇帝和增加皇帝的方法实在很不正式。我们要注意的是，要知道当时并没有将帝国分裂为二的企图，皇帝虽然不止一个，但是他们所关心的还是一个统一

① 在位年代，375—383年。——译者

帝国的共同安宁。

狄奥多西和他两个儿子统治帝国的时候,情形就是如此。当时并没有人想分裂帝国;虽然自从君士坦丁大帝建立了新罗马[①]以来,国都有了两个;但是国家只有一个。虽然有两个元老院,虽然有两个组织完备的皇宫,虽然有许多皇帝,但是罗马帝国始终是一个统一的国家。凡有新选的皇帝,一定要恳求他的同事承认他。从狄奥多西以后,每个皇帝每年选出一个行政官;所有国内的法律也是由几个皇帝会衔而且同意颁发的。

所以,从习惯上看起来,狄奥多西死后那种分治的办法并没有什么特别的地方;而且分疆而治只是为了行政便利起见,并没有什么新奇的地方,并没有建立一个“西罗马帝国”,所以根本没有476年“西罗马帝国灭亡”这回事。

五

狄奥多西死后,罗马帝国里有三个最有势力的军官,他们都是日耳曼人或半日耳曼人——斯提里克是汪达尔人,盖纳斯和阿拉里克两人都是哥特人。阿拉里克协助过狄奥多西最后的战争。要明了这几个人的特殊地位,我们只能研究卓西姆斯所记载的狄奥多西死后几年间他们活动的情形,因为这部书关于此时期的记载最为详细。我们虽然没有理由可以断定他所说的种种黑暗的阴谋都是可信的,但是关于当时一般状况是明显的。他的记载很可以

① 即君士坦丁堡。——译者

改正我们普遍对于蛮族同罗马人种种关系的谬见。

我们要知道,日耳曼人和杂居在帝国以内的各种蛮族——甚至匈奴人——并没有很明显的界限。只要他有一个正当的职业,差不多没有人去过问他是属于哪个种族的。狄奥多西以前数百年,罗马国内的状况同现在美国纽约城的状况差不多。对于外国人并没有因为他是外国人而加以种种不利,也并不故意地加以种种限制。因此当狄奥多西时代,日耳曼人移居到罗马帝国里面,正如现今各国人移入美国一样。他们同罗马公民混杂起来,好像外国人同美国人混杂起来一样,他们急于做一个美国公民。罗马人对于蛮族亦并没有什么界限,而且当时的蛮族也很愿意为罗马帝国去攻打他自己的族人,他们并没有表示出什么民族的感情。我们对于当时下层社会各族间的通婚虽然不十分清楚,但是上层社会的人并不反对异族通婚。我们可举几个例子:狄奥多西的侄女嫁给斯提里克,斯提里克的两个女儿前后嫁给荷诺里乌斯。阿卡尔狄乌斯曾经娶过法兰克的酋长包图的女儿攸多克西娅为后;后来狄奥多西的女儿普拉西狄娅又许配给阿拉里克的内弟阿陶尔夫。

卓西姆斯向我们说:狄奥多西大帝即位后,立刻同重要的蛮族领袖妥协起来,异常的优待他们,甚至于请他们来同他宴饮,他被认为是哥特人的朋友。他同他们要好,曾经派阿拉里克和盖纳斯做他的将军,而且将一部分东哥特人迁住在弗利吉亚[①]肥沃的地方。我们在这里应该注意的是,他这种办法实在是遵循着帝国的习惯,并没有什么新奇的地方。我们要明了当时全部情形,恐怕要

① 小亚细亚中部高原之名。——译者

以公元410年阿拉里克攻陷罗马那件事为最好的一个说明。

当时在各蛮族的军官之间的争权夺利已经有好些年了。他们在当时政治上的地位同现在美国市政里的外国政客差不多。斯提里克、盖纳斯和阿拉里克三个人,各为自己的利益进行种种活动。狄奥多西死后,阿拉里克马上就侵入希腊,在那个地方斯提里克曾经稍稍抵制他。他就向北去,在罗马军队中得了一个官职。他究竟任什么职务,我们不清楚,因为克劳狄安只说阿拉里克是负责管理军械的。斯提里克很活跃,而且有野心,他打败拉达盖苏斯和他的蛮族军队。但是他为了要实现后来的计谋,他故意教汪达尔人同苏维比人渡过莱茵河侵入高卢地方。至于阿拉里克,他于公元402年曾经侵入意大利,但是被斯提里克的部将扫鲁斯击败。不过罗马政府里面的人没过几年(公元408年)的工夫,就唆使皇帝荷诺里乌斯杀死斯提里克。卓西姆斯说:自斯提里克被杀以后,在罗马城中的蛮族被杀的很多,因此其余的蛮族就组织三万军队,并且请阿拉里克和他们联合。

但是阿拉里克不愿意开战,因为他只要有官职,有相当的权力和进款就满足了。他当时准备和罗马皇帝讲和,将他的军队退到潘诺尼亚去。不料优柔寡断的荷诺里乌斯不允许他的条件。于是阿拉里克就派人到上潘诺尼亚去,召他的内弟阿陶尔夫带领哥特人和匈奴人回来,他自己率领军队向罗马城挺进,将罗马城包围起来。城中的市民求他解围,就送上五千磅黄金,三万磅白银,四千件绸衣,三千条红毛毡,三千磅胡椒。阿拉里克于是再宣言他自己愿意同皇帝和罗马城联盟去反对他们的共同敌人。于是蛮族部队都退出罗马城。但是当他们撤退时,罗马城中的奴隶,沿途便加入

蛮族军队之中，数目达到四万人。我们从这件事实可以看出罗马帝国里面的所谓“日耳曼人”分子，实在复杂。

荷诺里乌斯不愿意同阿拉里克讲和，但是他的宫内大臣约维乌斯为人较为谨慎，“他决意派使臣到阿拉里克那边去，请他到拉文纳[①]来，向他说明罗马政府愿意同他讲和。阿拉里克接到罗马皇帝和约维乌斯的信以后，他就进驻阿利米努穆，该地离拉文纳不过三十哩。约维乌斯本来在埃庇鲁斯[②]已经认识阿拉里克，而且同他很要好，立刻去欢迎他。当时阿拉里克所要求的，只是每年要给他多少黄金、多少谷物，而且要允许他同他的蛮族可以住在威尼提亚斯[③]、诺利库穆[④]和达尔马提亚[⑤]这几处。乔维乌斯当面将这几个条件写下来，同他自己的私信一齐寄呈罗马皇帝，劝皇帝任命阿拉里克做骑兵步兵的司令官，以为如此可以减轻阿拉里克所要求的条件，缔结和约。”

不料荷诺里乌斯仍旧拒绝批准这些条件。阿拉里克因为不能在罗马政府中得到一个较好的位置，发怒起来，决心再进攻罗马城。但是他听得罗马皇帝已经招集了一万匈奴兵援助罗马，阿拉里克后悔他自己做事太鲁莽，因此他派他所占领地方的各个主教去规劝皇帝，教他们向罗马皇帝说：“他们自己并不想做罗马官吏，只愿住在常常受人骚扰的诺利库穆一带地方；至于一年给他多少

① 意大利东北海滨城市，为罗马帝国西部国都凡三百五十余年。——译者

② 在古代希腊的西北部。——译者

③ 在今意大利东北部。——译者

④ 古罗马的一个省，在今奥地利南部，沿多瑙河一带地方。——译者

⑤ 在今南斯拉夫西部沿海一带之地。——译者

谷物，完全听皇帝的便；黄金也不要了；而且他很愿意和罗马人联盟来抵抗帝国的敌人。”这些条件卓西姆斯以为是很合理的了，但是荷诺里乌斯竟不正式应允。这种强硬的态度实在表现了他的愚蠢。

普通只看过“民族大迁徙”这类书籍的读者，对于罗马人早就雇用匈奴人来当兵这件事实，一定要感到惊讶。就是对于阿拉里克命教士同罗马皇帝办交涉，如此客气，如此审慎，也一定要感到惊异。实在说起来，阿拉里克住在罗马帝国里面恐怕已经多年了，他同其余的罗马官吏实在没有蛮族或非蛮族的区别。只要能够得到一个同斯提里克一样的地位，他显然就很满意了。

阿拉里克既然受到荷诺里乌斯不接受他的条件的耻辱，他就再度进军包围罗马城。他将罗马同非洲的交通断绝了，而且要求罗马市民同他联合去攻击皇帝。当时皇帝已逃往拉文纳。

卓西姆斯叙道：“罗马的元老院召开会议讨论应付的方法。他们对于阿拉里克的要求，一概承认了。他们欢迎他的使臣，而且请他到罗马城里来。同时并遵照阿拉里克的命令，请罗马城的市长阿塔鲁斯穿上紫色皇袍加冕，即皇帝位。阿塔鲁斯于是任命兰帕底乌斯做宫内大臣，任命马西阿努斯做罗马城市长，任命阿拉里克同从前统带达尔马提亚军队的军官名叫瓦伦斯的做司令官，并任命其他种种文武官吏。”

阿塔鲁斯并且宣言要征服全世界，罗马人听得这句话，“非常的欢喜，以为不但得着许多熟悉政务的官吏，而且对于特尔图鲁斯被任为执政官一事，尤其满意”。但是不料阿塔鲁斯不能维持罗马同非洲间的交通，城中粮食的来源断绝，因此阿拉里克立刻废黜了他。阿拉里克将他带到阿利米努穆城中,褫夺了他的皇冠和紫袍,将袍冠送还罗马前皇荷诺里乌斯。

照上面所述的看来,阿拉里克侵入罗马的时候,并不是带了一般西哥特蛮族来横扫帝都,他实在很想用和平方法去实现他的目的。当他对于他自己所选择的皇帝没有办法的时候,他还是愿意同荷诺里乌斯重开谈判。上面卓西姆斯所叙述的详情,恐怕是根据当时一个希腊的历史家奥林匹奥多鲁斯的著作而来的。他叙述到此地,忽然中断了。后来阿拉里克为什么再围罗马,我们就不知道了。

以后来吉本对罗马陷落那件事,用去了好几页的篇幅,做了详细的叙述。他这段文章大部分是出于他自己的想象。关于这件事实,我们从当时人的史料中所能得到的知识是很少的。奥罗修斯当时是一个青年人,他要证明基督教并没有促使罗马城的陷落,相反地,基督教实在保护了罗马城中的许多人。他曾经举了一两个例子,证明哥特人对于当时的礼拜堂很是尊重;而且他说蛮族烧了几座房屋后,第三天就退出去了。他在这事发生不到十年以后写道:"这件事虽然过去没有几年,但是到了现在,罗马城中除了少数断壁颓垣以外,没有人会想到罗马城中曾经发生什么变化。"

阿拉里克占据罗马城后五年,罗马城的市长鲁提里乌斯·纳玛提亚努斯作了几首诗,赞美罗马的荣耀:以为罗马城雄踞台伯河上,好像世界上一个美丽的皇后。他对于最近罗马的扰乱并无伤感,并且预言说罗马城将来一定成为永久的大一统帝国。

过了一百年,到查士丁尼时代,有个历史家普洛科庇乌斯在他所著的《汪达尔战记》那部书里面,叙述了阿拉里克攻陷罗马城的事实，同上面卓西姆斯所说的完全相反。他说：有许多人说阿拉里克曾经以三百个美少年送给罗马城中的贵族，这班青年当他们的主人吃完晚饭入睡后，就将城门打开。但是他说另外有人说：开城门的人实在是一位元老院成员的太太名叫普罗白，她看见城中一班可怜的贫民，差不多要到人相食的地步，所以叫他的奴仆在夜间将敌人放进来。

吉本自己说：“从普洛科庇乌斯那段不太可靠的记载，提出了一种似乎可信的情形。”这种做法的结果当然是靠不住的。普洛科庇乌斯关于此事的两段记载，不但不确实，而且是自相矛盾的。此处还可以提到我们常常听见的荷诺里乌斯和他的母鸡“罗玛”[①]。那段故事，也就是从普洛科庇乌斯来的。这段轶事虽然没有多大历史上的根据，但是因为它异常有趣，所以值得永远记载下来。

阿拉里克不久就离开罗马南去，他要去维持罗马同非洲的交通，因为罗马依靠非洲的食粮供应，但他中途就死了。继他而起的是阿陶尔夫，他娶了原来作为人质的荷诺里乌斯的妹妹为妻，先后在意大利和高卢进行了种种和阿拉里克一样的政治上的阴谋诡计。阿塔鲁斯再度被立为皇帝，再因失败而被废。所以奥罗修斯说这个懦夫是哥特王的一个傀儡，他们立他，废他，又立他，又废他。奥罗修斯还记载着阿陶尔夫曾说过：“最初我竭力主张应该把罗马的名字毁掉，它的领土应该变成哥特人的帝国，并叫作哥特帝国。我希望‘罗马尼亚’这个字也该变为‘哥特西亚’，而且阿陶尔

① 鸡名。——译者

夫应该成为皇帝。但是照我的经验看起来，这班哥特人放纵惯了，不会遵守法律。没有法律，就没有国家。所以我现在采用一种比较稳健的方法：就是用哥特人的精力来恢复而且增加罗马的名誉，我希望由此取得光荣，永垂史册。并且希望后代的人当我是一个恢复罗马的发起人，因为现在我不能变更帝国的国体。”

六

卓西姆斯和奥罗修斯的记载都到此为止，关于5世纪的史料，就异常缺乏了。所有的编年史里的记载都十分简略。普洛科庇乌斯的著作，因离当时已远，很不可靠。但是以后蛮族首领同罗马皇帝往来交涉的情形，和斯提里克及阿拉里克时代差不多，这是很清楚的。至于那西哥特人诸王能够维持罗马旧日的政体和法律，这也是很显然的。关于勃艮第王国①的事情，我们所知道的很少。至于北非洲汪达尔王国②的历史，大半都是正统基督教徒所著的居多，而这些基督教徒又是最反对当时蛮族所信的那种阿利乌斯教派③的，因此对汪达尔人偏见很深。

在意大利方面，从斯提里克以后，最重要的军官莫过于“执政”埃提乌斯④这个人。他曾在匈奴王宫里面供职多年，并且做过匈

① 在今法国东南部，亦属于日耳曼族。——译者

② 日耳曼人的一支，公元439年攻陷北非迦太基，即定都于此，建立汪达尔王国。——译者

③ 基督教的一派，创立于阿里乌斯，当时日耳曼蛮族都信仰之。——译者

④ 罗马帝国末期名将，公元454年罗马皇帝派人将他刺杀。——译者

奴雇佣兵的将领，而且很有资格去组织联军，于451年在东高卢地方击败阿提拉。他的继任者是里基默尔，也得了执政的称号，在政界中好像纽约城中的政党老板一样，有很大的势力。

从公元455年无能的瓦伦提尼安三世死了以后，西部罗马的皇帝一个紧跟着一个以惊人的速度继位。据说马克西姆斯就是杀死瓦伦提尼安三世的凶手，不到几月他自己也被杀了。在这一年阿维图斯来做短期的罗马皇帝，他就是西哥特王狄奥多利克二世[①]所支持的。但是当时汪达尔人已经要从非洲来攻罗马城，必须选出一个能干的人来做皇帝。因此作为后台老板的里基默尔就同意选出马约里安做皇帝（在位年代455—461年），他本来是个很好的军官，而且曾经与里基默尔同过事。他尽力去澄清当时的吏治，因此群众拥护。但是后来里基默尔见他声望过高，不满意他，所以在461年，就请塞维鲁斯来代替他。塞维鲁斯在位不过四年，他究竟是怎样一个人，我们无从考究了。塞维鲁斯死后，里基默尔不再另选皇帝。两年以后罗马东部的皇帝利奥才同安特米乌斯联姻起来。我们在埃诺狄乌斯所著的《埃庇法尼乌斯主教传记》里面，可以看出新罗马皇帝和里基默尔的关系。据埃诺狄乌斯说：里基默尔在帝国里面的地位仅次于安特米乌斯。里基默尔认为安特米乌斯是一个滑头，而安特米乌斯又以为里基默尔是一个不容易对付的蛮族。到了472年，里基默尔另外又立了一个皇帝奥利布里乌斯来对抗安特米乌斯。但是就在这一年，两个皇帝都因病死去。

① 东哥特王国的建立者（455—562年），493年推翻奥多亚克，遂统治意大利。——译者

翌年有个新的候补皇帝出现，这就是格利谢里乌斯这个人，他本是一个很有能力的军官，而且又有勃艮第国王的援助。同时住在达尔马提亚的一个军官朱里乌斯·奈波斯得了罗马东部皇帝芝诺的允许自称皇帝。照编年史所说，格利谢里乌斯在罗马附近的波尔图地方做了主教，奈波斯做了皇帝。里基默尔死后，又有一个很有经验的蛮族领袖奥列斯特斯来做执政官，这人本来做过阿提拉的秘书。此时罗马西部虽然已经有了两个皇帝，即格利谢里乌斯和奈波斯，但奥列斯特斯却要立自己的小儿子为皇帝，这就是罗慕路斯·奥古斯都鲁斯。同时东部的皇帝芝诺也正在那里驱逐一个劲敌。

我们要明白所谓西罗马灭亡这件事的关系，不能不将罗慕路斯·奥古斯都鲁斯被废黜的情形说明一下。因为普通都以为罗慕路斯的废立这件事，就是“西罗马帝国”的灭亡。现在让我们先来讨论公元476年种种事实的材料。我们知道现在我们所有的材料没有一种是当时亲眼看见的人记载下来的，大半都是后代的著述，或者是远地的传闻。其中最有名的是狄奥多利克的大臣卡西奥多鲁斯所写的。但他生于公元476年以后。他于此事发生后四十年，在他所著的《编年史》里不过说：“公元后475年这年奈波斯逃往达尔马提亚，奥列斯特斯将皇帝的权力授给他的儿子奥古斯都鲁斯。”在公元476年那段下面写道：“本年奥列斯特斯同他兄弟保罗都被奥多维克所杀。奥多维克称王，但他不穿王服，亦不用王徽。”照上面所述的看起来，显然卡西奥多鲁斯并没有看出这几件事可以看作是“西罗马的灭亡”。

关于此事，最完备的记载是保存在一种意大利编年史的残篇里。这是6世纪中叶的人所著的,作者的姓名我们无考。我们所知道的不过正如蒙森所说,那位作者显然是一个幼稚、简单、文理不通的基督教徒。书中关于此事记载如下:

“当皇帝芝诺在君士坦丁堡统治帝国时,执政奈波斯忽然到了波尔图,将格利谢里乌斯废黜。格利谢里乌斯后来做了主教,而奈波斯就在罗马做了皇帝。不久奈波斯到了拉文纳,但是他惧怕执政奥列斯特斯,因为他带了军队来追他,所以特波斯就由海道逃到萨罗那,在那里住了五年,被他的部下刺杀。”

“从他离开罗马不久以后,奥古斯都鲁斯被立为帝,在位十年[!]。奥古斯都鲁斯没有做皇帝之前,他的父母叫他罗慕路斯。他的父亲执政奥列斯特斯立他做皇帝,但是奥多维克带了西利地方的人,忽然来和执政奥列斯特斯打仗,在庇西查地方将奥列斯特斯杀死,不久又将奥列斯特斯的兄弟保罗在克拉西斯[拉文纳的海港]附近松林里面杀死。他便占据了拉文纳,将奥古斯都鲁斯废黜。但是他因为皇帝年轻貌美,就生出一种怜爱之心,赦了他的性命,并且送给他六千枚索里达。他还送他到坎帕尼亚去,同他的家人安然度日。他父亲奥列斯特斯本是个潘诺尼亚人,因为随阿提拉来到意大利,而且做了他的秘书,所以慢慢地做了罗马帝国的执政。”

普洛科庇乌斯是查士丁尼时代的著名历史家,他在大约作于公元550年左右的著作里所述关于上述事迹,比较详细。但是他没有说他的材料从何而来,而且他搜集材料的时候,离那件事已经七十年了。他在他的那部《哥特战记》里面写道:

“当芝诺统治着拜占庭的时候,西方的权力为奥古斯都所有,罗马人给他起了个绰号,称他为奥古斯都鲁斯,因为他即位的时候，年纪很小。他父亲奥列斯提特是一个很谨慎的人，任摄政王。从前罗马人曾经为阿拉里克和阿提拉所败，所以和西里、阿兰尼以及其他哥特部落结成同盟，罗马军队的威望因此大为降低，而蛮族的威望则因此提高。他们在名义上虽称作同盟，实际上是受蛮族的支配。蛮族如此嚣张，甚至在罗马人屡次退让以满足他们的需要之后，他们竟想瓜分全部意大利可耕的土地。他们要求奥列斯特斯拿出三分之一的土地，当奥列斯特斯不允许之后，他们就立刻将他杀死。蛮族里面有个皇帝的禁卫官，名叫奥多维克的向蛮族说：假使他们派他作指挥，他就承认他们的要求。他僭位以后，并没有伤害皇帝的身体，而是仍允许他做一个庶人。他想使蛮族对他忠心，所以将意大利所有可耕的土地的三分之一给蛮族，他僭位凡十年。”

10 世纪罗马皇帝君士坦丁·波菲罗吉尼图斯下令搜集的历史材料中，其中有一部分是叙利亚历史家马尔库斯著作的残篇。这部历史是从公元 474 年叙到 480 年，他著书的时候是 6 世纪初年。其中有一段叙述罗马元老院派人到东罗马皇帝那里去要求他任命奥多维克做执政，这个头衔是从前一般担任罗马政府后台老板的蛮族领袖所拥有的。下面一段文字具有许多重要意义，而且可以表明吉本等著名历史家是如何不谨慎，几乎近于不规矩了。

马尔库斯的原本是希腊文，现在译述如下：

“……奥多维克强迫元老院派使臣到皇帝芝诺那边去，告诉他说他们已经不要他们自己的皇帝了，有一个共同的皇帝统治帝国的两部分就够了。因为奥多维克很熟悉政治和军事，所以他们已经选举他出来保护他们的利益。他们恳求芝诺赏他执政的称号，而且命他管理意大利方面的政治、军事事务。罗马元老院所派的使臣，就将这种陈情书带到君士坦丁堡去了。

“在这些日子里，奈波斯也派了使臣来向芝诺道贺〔因为当时芝诺已经将他的劲敌巴西里斯库斯推翻了〕，同时请求他来援助奈波斯，对他提供金钱、军队及其他必要物资，以恢复他的地位，因为奈波斯所受的困难和芝诺一样。奈波斯就派使臣前往，陈述此意。

“但是芝诺回答罗马元老院使臣的话是：他们从东部接去两个皇帝，一个被逐，一个被杀。在这种情形下，他们应该知道有什么办法。只要那个皇帝还是存在[①]，那么，除了欢迎他回来，没有别的办法。

“他对于奥多维克所派来的代表说：奥多维克要想取得执政的称号，最好是向皇帝奈波斯去要求；不过假使奈波斯不愿意给这个头衔，那么，他自己再来给他。他对他们将奥多维克夸奖了一番，他说奥多维克显示了维持罗马秩序的倾向，所以他希望奥多维克能够欢迎封他为执政的那个皇帝。他并且写了一封信给奥多维克，说明这番意思，而且尊称他为执政。”

芝诺一句也没有提到罗慕路斯·奥古斯都鲁斯，因为他没有正式被承认为皇帝，只是他父亲推荐的候补人而已。我们已经将公元476年那件事实的全部材料加以说明了。现在再看吉本著作中的第三十六章是如何将马尔库斯的记载加以复述的。

“奥多维克决定废除这个无用而且糜费的职位[皇帝]。但是传统的压力很重，要实现这种主张需要见识和魄力。他迫使不幸

① 指奈波斯。——译者

的奥古斯都鲁斯向元老院辞职，这是元老院最后一次表示服从君主的行动，它的自由精神和宪法形式了。元老院遂一致议决致书于拜占庭皇帝芝诺。芝诺是利奥的女婿及继承者，在不久以前，方平定了叛乱而复辟。他们向他陈述意大利方面已无另立皇帝之必要，皇帝一人已足以统治保护东西两帝国而有余。因此以元老院及人民的名义，议决将统一帝国的首都由罗马移至君士坦丁堡；而且元老院宣言此后放弃选举皇帝之权利。他们认为，奥多维克在政治、军事上的经验已足以巩固罗马共和国（他并不感到羞耻地重复这个名称），请求皇帝任命奥多维克为执政，命他负责管理意大利方面的事务。

“元老院所派遣的代表到达君士坦丁堡时，并未受到当地人的欢迎。……小心的芝诺既知[奈波斯]大势已去；遂不再坚持使他复辟。唯一皇帝之名称以及在罗马各城铸像满足了他的虚荣心。乃与奥多维克互通音讯，而且感谢他接收了皇帝的徽章、宝座及宫内的装饰品等物，这正是奥多维克愿从国民的心目中转移出去的东西。”

从上面这段文字看，吉本所述虽然自称取材于马尔库斯，但相同的地方很少。而且在马尔库斯原文里面，没有提起共和国一词，即使果然提到，吉本也应该知道希腊文所谓的共和国，并不是我们所谓的共和国，因为当时共和国一词不过就是国家的意思罢了。

最可怪的是，吉本称芝诺“接收皇帝之徽章及皇帝宝座和宫内的装饰品”。“奥多维克愿从国民的心目中转移出去。”无论何人读了，都以为奥多维克将罗马皇帝的徽章等物移至君士坦丁堡这件事是真的了。谁知道这话实在没有一点根据。在意大利编年史里面说:从公元493年狄奥多利克杀了奥多维克以后,他就同皇帝安那斯塔西乌斯讲和,皇帝就将从前“奥多维克所送到君士坦丁堡的那些王宫装饰品,一概交还了。”至于这些装饰品究竟是什么东西,没有人知道。但是我们断不能说这种装饰品就是皇帝的徽章,而且吉本、霍奇金所说的东西被送往东罗马这件事,我们从马勒古斯的记载中找不到根据。

现在我们将上面所说的5世纪的大事总结一下。从当时流传下来的稀少的史料研究一下,我们就可以知道普通人对于罗马帝国西部分裂的种种观念显然没有根据。

(1)狄奥多西大帝绝不是罗马唯一的皇帝。

(2)他并没有将帝国分给他两个儿子阿卡尔狄乌斯和荷诺里乌斯。

(3)欧洲史上从没有“西罗马帝国”这个东西,至少在查理曼以前。

(4)罗马人和蛮族并没有什么种族感情上的界限,而且即是在上流社会里面,也常有互通婚姻的事情。

(5)阿拉里克并不是一个蛮族的领袖,带了大队的蛮族来横扫世界的首都,他实在是个很谨慎的政客,惯常从事于长期的谈判。

(6)公元410年时,罗马城虽然暂时被阿拉里克所占领,但是并没有受多大的损失。

(7)公元476年时,并没有西罗马灭亡那个事件,因为根本上就没有可亡的西罗马帝国,而且那一年也没有大事发生。

(8)罗慕路斯·奥古斯都鲁斯并不是一个正式的罗马皇帝。

(9)奥多维克并没有将皇帝的徽章送到君士坦丁堡。

第七章 “1789 年原则”

一

自从法国国民议会发表了一篇论述法国大革命的性质、范围和一般人的利益的著名宣言以来，时间已过去了将近 125 年了。国民议会只经过六七个月的工作，就大胆地宣布，在它主持下，“一个腐败的旧国家已经再生，成为自由的国家”；多少世纪以来遭受误解和凌辱的人权，已经为全人类重新建立起来；过去构成法兰西公法的无数特权已被永远废除。它宣称：“现在还有哪个名副其实的公民，胆敢往回看，还想在我们周围的废墟上重建，企图恢复以前的旧机构？”

然而，对于被国民议会在其废墟上大把撒下蔑视的盐的“旧制度”，竟然还有不少人敢于回顾，感到惋惜，甚至留恋怀念。真的，当代就有一位作家，夏尔·埃里科特，他为隆重纪念三级会议召开一百周年，以田园诗般的优雅言辞重建了这座旧制度大厦，让里边住满了一群幸福而又善良的人们，一直在一起过着令人愉快的和谐的生活，直到被大革命恶魔迷住心窍，他们使自己脱离了上帝和他们的国王。按照埃里科特的说法，“旧制度”曾起到使“各个社会阶级的特殊品质得到最充分发展的作用，这些品质是为使所有人能在一起工作以组成一个完美的社会所需要的。这些人当中，首先是僧侣，睿智、受尊敬、对上帝忠诚；其次是以前的暴君，现在已转变成一个彬彬有礼且受人尊敬的国王；还有军人，现在变成优雅的贵族、荣誉的灵魂。资产阶级富裕、高贵，受过良好教育；最后是平民百姓，虔诚而温顺，靠积攒钱财、唱歌跳舞来减少生活的烦恼以自慰，而遇到严重灾祸时就想到天堂。”

但是，这个幸福的、信奉基督教君主政体的法国忽然突如其来地、令人茫然不知所措地出现非人道的暴力，开始诅咒僧侣们和国王们，现在要消灭以前对之十分忠诚的原有指导者，而十分虔诚地拜倒在一位女神面前——“这个新偶像就是人们非常正确地称之为大革命的东西”。[1]

乍一看，这是些在查理十世[2]时期得到最早印象的不可救药的反动保皇分子的意见，似乎不必认真看待。但是埃里科特恰恰是一群真正重要的有学问的作者之一，他们为了倒退回去，致力于描绘恐怖时期的恐怖情况和无政府状态。此外，单是这类历史学家的存在，就能说明高尚的共和党人的态度，他们对于顽固不化的敌人的言论绝不会允许忽视而只蔑视地置之不理。

现今巴黎市政府津贴对大革命的历史研究，不只是受到科学兴趣，甚或是通常的城市自豪感的影响。它已把大革命期间公社

① 《革命的法兰西，1789—1889》（巴黎，1889年出版），第1页。

② 复辟时期的法国国王（1757—1836年），路易十八之弟。——译者

颁布的法令收集起来出版，目的在于建立“巴黎在推进人类解放事业中的不朽光荣”。据称，这些法令表明，巴黎的代表们如何在自由与平等的基础上建立一种新秩序，“用道德、爱国主义和自我牺牲的精神来反对叛变、背信弃义和诽谤，这是自私自利的贵族从来未停止煽动人们用来反对高尚的公民的手段，他们会造成殉道者，但绝不会造成叛徒”。[①] 当我们冷静地考虑到巴黎公社在建立法兰西第一共和国中所扮演的角色时，这类意见显得是完全像埃里科特所描绘“旧制度”下的幸福一样的荒谬辩解。

总之，法国人现在仍像1790年他们的先辈一样热爱或憎恨大革命。最近有一位法国作者宣称，“至今从未见哪个人有把大革命看成与其他事件类似的事件的想法，不予以咒诅或辩解的”。[②] 这个看法肯定是不公平的，但是远比奥拉尔的话更接近事实，奥拉尔宣称，他和他们那群学者是以与著述希腊罗马史可能会有的同样精神来著述大革命的历史的。法国人要以谈论克里翁[③]、布拉西达斯[④]、尼西阿斯[⑤]和阿里斯托芬[⑥]时可能有的同样自由无拘束的

---

① 《巴黎公社法令集》，拉克鲁瓦为巴黎市出版(1894年)，第1卷，第1页。

② 见T.塞尔夫贝尔，《论法国自1789年以来的社会与思想运动》(巴黎，1902年出版)第113页。奥拉尔悲伤地谈到塞尔夫贝尔严厉的见解：“将近20年来，我和我的朋友们的著述公开主张，就算没有文采和才华，但是我们十分大声地宣告，我们要‘既不予咒诅也不予以辩解地’研究大革命的历史，要继续不放松地进行这一计划，很奇怪，他无视这一切。”见《法国大革命》第62卷，第475页。

③ 古希腊雅典民众领袖，善煽动。公元前422年率军远征时为斯巴达的布拉西达斯所战败阵亡。——译者

④ 伯罗奔尼撒战争中的斯巴达名将。——译者

⑤ 雅典的将军和政治家，曾任贵族一派领袖。——译者

⑥ 雅典喜剧作家(公元前约450—前380年)，思想较保守。——译者

精神来谈论丹东[①]、克罗茨[②]、拉法耶特[③]、德穆兰[④]，那还要经过很长一段时间。

党派性热情继续存在于许多重要著作之中，像一百年前应受到重视一样，我们对这一点仍然必须予以重视。在这方面，大革命证实了托克维尔的意见，他认为，大革命虽然就性质来说是一场政治革命，但却是以宗教革命的方式展开的。因为它激起了人们强烈的仇恨情绪，其深仇大恨程度可以与伴随宗教改革而来的敌对情绪相匹比。对于这种持久的党派性偏见，我们可以从法国人的气质上找到部分解释，但主要原因是法国革命没有成功解决革命提出的某些重要问题这一事实，特别是中央政府的性质和教会与国家的关系问题。接着，接连几次宪法革命，尽管没有一般认为的那么重要，却依次使各党派提起精神，并使最激进的和最保守的人们心中永远保持着希望。结果，第一次革命就成为以后每一次关于当时的问题辩论的背景，人们常诉诸“1789年原则”，但由于援引这些原则的演讲者的体会、目的和信念相异而做了不同的解释。

法国革命或许是历史学家能选择的最难研究的问题。要想研究它的人，在力求使现在能理解过去的道路上遭遇到种种障碍和陷阱。现在还有很多疑问，如大革命是从哪儿开始的，如果它已经

① 大革命中雅各宾派主要领袖之一（1759—1794年）。后因与德穆兰等主张宽容、法治，1794年被送上断头台。——译者

② 大革命中国民公会议员（1755—1794年），出身荷兰裔的普鲁士贵族，成为雅各宾派左翼。1794年被罗伯斯庇尔指控为外国奸细，被杀。——译者

③ 法国贵族（1754—1799年），大革命时期君主立宪派代表人物。——译者

④ 政治活动家（1760—1794年），雅各宾派领导人之一。后因主张宽容、反对恐怖政策和主张恢复法判，1794年与丹东等一起被杀。——译者

结束了，则是何时终止的。关于某些事情，有一大堆令人迷惑不解的原始资料，而另一些事情的资料则很少或根本没有。对于各种激烈的党派性偏见，如宗教的、政治的、社会的和哲学的偏见，我们必须经常加以研究。每个人都与大革命发生关系——本国和外国的君主们，朝臣们，各个国民议会及其无数的委员们，各地革命机构，市镇政府，派出的一些代表团，流亡者，宣誓的僧侣和不宣誓的僧侣，俱乐部，演讲家，报纸编辑，小册子作家等等，在事情发展过程中，革命对于每种积极活动的势力必定都予以适当的影响。最后，有史以来从没有像在法国那样，在1789年召开三级会议后的10年到15年期间，在这么短的时间内，在与人类利益有关的这么多的领域内，导致发生或提醒要发生这么多的变化。最激进的政治的、社会的、经济的、宗教的和教育的改革是与空前的民众骚动和纷乱，与国外战争和内战、防御、侵略和外交交织在一起的，其联系之密切程度，使人实际上不可能对革命所有事件做有条理的论述。正如卡莱尔很久以前说过，法国大革命这些字眼，“有多少人谈论它就有多少种意义”。在他看来，法国大革命就是公开的狂暴的叛乱，和破除束缚的无政府主义反对腐败、衰朽的政府当局的胜利；无政府主义精神如何从无底深渊暴发出来，打破监狱，无法控制的无穷无尽的愤怒把世界逐步包围在疯狂般的狂热中。而泰纳①则认为，大革命好比一位绅士身上出现的混乱局面，“他体质虚弱，但表面上健全，性情温和，他狂饮一种新酒，突然倒地，口吐白沫，精神错乱，肌肉痉挛”。不论是卡莱尔还是泰纳，都没有把他

---

① 法国历史学家、哲学家和批评家(1828—1893年)。——译者

们的形象化描述看得太认真，以致没有抓住大革命的某些更深刻的意义；但是一些头脑比他们愚钝的人，完全被这个时期的大声谈论和混乱状态所迷惑，竟误以为这就是大革命本身。最近25年来最显著的成就之一就是把恐怖统治时期归到它的适当的位置上。英文读者应该特别感谢莫尔斯·斯蒂兰斯教授，他对“破除束缚的无政府主义”做了解释，并把它归回到相称的位置上，比起近年来俄国的规模宏大的骚动来，这的确是几乎微不足道了。

法国革命史中纯属个人的部分一向是很令人注目的。玛丽·安托瓦内特、德·朗巴尔亲王夫人[①]、马拉、夏绿蒂·科尔黛[②]、德穆兰、丹东、圣茹斯特[③]、可怜的小王太子等，这些人是贴近读者的心的。读者的兴趣更容易为攻占巴士底狱和9月大杀戮等事件所吸引，而不大注意法国第一部宪法的起源和它所根据的原则。

单就把大革命看作社会的、政治的和经济的这些最根本的方面的改革运动来说，现在正该是拥有一部全面叙述大革命的书的时候了。这显然正是夏森在开始撰写他那永远未能完成的《大革命的思潮》时念念不忘的事。他梦想写一部“真实的历史”，摒除个人的故事、奇闻佚事、转瞬即逝的事件和怪异难信的事，而专写当时具有持久性的成就。[④] 就“大革命”这个名词来说，夏森的理解不是激荡汹涌的“破除束缚的无政府主义”，而是改革家将他们的

① 王后玛丽·安托瓦内特的宫女、挚友(1749—1792年)。大革命期间为王后收集情报、监视他人，1792年被处死。——译者

② 1793年刺杀马拉的吉伦特派女凶手。后被处死。——译者

③ 大革命时期雅各宾派政权领导人之一(1767—1794年)。1794年热月政变中被处死。——译者

④ 《大革命的思潮》(1864—1865年)序言。出版了两卷，见于1789年陈情书。

思想变成行动的十分平凡的道路:他们怎样以平等的制度取代了建立在特权基础上的政体;以自由国家取代了专制政府;以人民的主权取代了神授的君权;以公正取代偏袒。正如夏森大胆地认为,确实,“这部历史肯定没有获得乍一看它似乎失去的东西”。

但是我们为什么要提出这些辩解呢?我们渴望知道的正是它实际的成就是什么。然而,为了了解大革命完成了什么并适当地评价大革命在历史的许多伟大变迁中的地位,我们必须把法国从1789年到1800年的历史,不仅与旧制度有机地联系起来,而且与三级会议召开之前半个世纪整个西欧的发展有机地联系起来。以前写法国革命史的人在研究旧制度时,倾向于着重写统治者的种种惊人的滥用权力弊病和商人投机倒把的反常现象,这固然可以解释某些荒诞的恐怖主义者的态度,但是绝不能说明看似突如其来但又是持久的情况改善的原因。对于那些未曾研究过在“1789年原则”提出以前许多多少是流产的改革和人们对改善处境不可抗拒的要求来说,法国大革命必定仍然是件不可思议的事。有一天,人们会认识到,大革命是有史以来为适应已改变了的新情况的最具决定性和普遍的重新调整。要叙述不仅是法国的而且是西欧的这次再生的历史,认真地注意其酝酿的过程,但愿这将是支配那些今后研究这个题目者的抱负。

迄今为止,很少有作者能把关于发现和解释大革命一些真正伟大而持久的成果的问题说明清楚,所以读者简直没有料想到有这些成果也情有可原。然而,必须指出有一个例外。奥拉尔先生在他的《法国革命政治史》中承担了一个明确的任务,他认为权利平等和人民主权是运动最根本的两项原则,他选定了并专心致志

地以其广博的知识来叙述这两个原则从 1789 年至 1804 年经历的变迁过程。读他的书就好像逃离狂乱的极度兴奋的世界进入一个可算是有条理的且可理解的思想和目的的领域。

构成大革命戏剧性情节的起因并为其所遮蔽的是一段根本性的社会改革和政治改革的历史,这不仅可以说明法国 19 世纪的历史,而且也充分阐明了欧洲各国的自由制度的发展。我们要设想一下,500 年后头脑冷静的历史研究者回顾法国大革命时,在他眼里,那些传奇式的情节很可能已退居幕后,而革命对欧洲各种制度的真正贡献则凸现出来。在这些成就中,那些离我们遥远的未来观察家将会赋予法国所通称的“1789 年原则”以重要地位。

自从伯克谴责法国第一次国民议会及其“笨拙而阴险的政治学家”,像风神埃俄罗斯的风一样,有“用飓风横扫地球”的危险之后,英国和德国的历史学家就有一种明显的倾向,把“人权宣言”斥为高卢人行为轻率的一个例子。聚贝尔[①]认为从宣言一些条款中就可看出法国在以后若干年中遭遇的恐怖危机,而且几乎所有的历史著作家都认为,本应该专用来进行迫切需要的具体改革的许多宝贵时间,却浪费在空洞的学究式争论中。法国人有时从一时的政治权宜之计的观点出发,也像外国批评者一样严厉谴责“人权宣言”。另一方面,宣言不仅在初次发表时激起了群众的普遍热情,而且在随后的几个宪法中一而再地以修改过的不同形式出现,直至 1848 年为止,它还成了其他一些大陆国家许多宪法的类似的

① 德国历史学家(1817—1895 年)。主要著作有《法国革命史,1789—1800 年》、《威廉一世时期德意志帝国的建立》等。——译者

宣言范本。

在试图解释“人权宣言”的根源和发现其原型方面，存在两种主要倾向：一种认为卢梭应对此负责；另一种想起了美国的先例，在国民议会的辩论中，常有人提到这一点，虽然十分含糊。聚贝尔认为美国“独立宣言”启发了法国人的思想，霍伊泽尔①和斯蒂芬斯发现一份神话般的权利宣言是范本，他们设想，是放在美国联邦宪法前发表的。

本文的目的是要表明，宪法的观念是怎样逐渐在法国发展起来的，而在它的第一部成文宪法之前附一序言，简短陈述它所根据的一些一般原则是多么自然的事。其主旨在于为“恐怖统治时期”找到解释而对法国第一个近代立法机构行为的研究确实该停止了，现在还为时不晚。让我们转而努力按照那些代表们和选民们的看法去观察他们的任务。为了做到这一点，我们必须回顾一下国民议会第一次宣布要起草一部宪法的意图时的情况。

二

大家都知道，1789 年 5 月初，古老的封建时代的三个等级的会议，即三级会议，在时隔 175 年后在凡尔赛召开了。尽管为会议成员规定穿着讲究的古老样式的服装，这个机构自它上一次召开以来已经历了重大的变化，国王敕令再也不能使它恢复几百年前的精神了。在以后几周中，尽管遭到保守分子的反对，这个会议发

① 德国历史学家(1818—1867 年)。——译者

生了不可避免的变化，变成了一个近代代议制议会了。

国王周围善搞阴谋诡计的朝官们很快认识到这个危险的趋势，他们敦促路易十六命令三级会议暂时休会，借口是他打算在6月22日就临主持会议，需要派些木工来干点活收拾会场，为这一庄严场合做准备。

第三等级的代表们发现通常开会的地方被干活的人占了，就改到凡尔赛网球场集会，并通过了下面的决议：

> 国民议会认为它的召开是为了制定王国的宪法，恢复国家的秩序和维护君主政体的一些真正的原则。不论被迫迁至何处开会，都不能阻止它继续会商。它还进一步坚持认为，不论议员们在哪里集合，哪里就是国民议会。议会命令全体议员立即宣誓，不论发生何种情况，都团结在一起，绝不分离，直到将王国宪法制定出来并建立在牢固的基础上为止。

这个决议的重要性在于，这是第一次正式明确声明国民议会的使命这一事实。

通常关于法国革命的叙述往往容易给人一个印象，认为这一著名宣誓是木工侵入会场干活造成的预先未料到的结果，如卡莱尔说的，“是锤击声、锯木声、操作时的尖锐刺耳声”的结果；但是，6月20日的宣誓虽然政治上很重要，实际上只是代表们发现自己被逐出开会场所之前的事态的一个细小的进展。

第三等级早在三天以前（6月17日）就通过决议，擅称“国民议会”了。而且，代表们在同一天还宣誓，其内容与网球场宣誓很相似：“我们宣誓并保证，我们要忠诚而热情地完成赋予我们的职责。”据说，“有 600 议员宣誓，有 4000 人围观（群众已涌进会场旁听）宣誓，激起了人们极强烈的感情，形成了令人赞叹的壮观场面。”显然，网球场宣誓的新颖之点在于明确宣布，国民议会的主要任务就是制定宪法。

代表们全体一致地确认，制定宪法是国民议会真正的目的，这就足以证明，群众思想已很成熟，渴望这一宣布。法国人经过哪些发展阶段才得出一个明确信念，认为拯救国家取决于明确制定出一些政权管理原则，也即网球场宣誓中首次正式宣布的信念？

国王及其大臣们提出召开三级会议的动机只是很含糊的想法，因此也只是在 1789 年 1 月 24 日的“召开会议通知书”上含糊地表明，文件称“朕需要听取忠诚的臣民的忠告，以帮助朕克服在财政状况方面陷入的困难，并且按照朕的愿望，在政府各个部门建立永久不变的秩序，因为这些部门影响到朕的臣民的幸福和朕的王国的繁荣”。在这份简短的文件中，三次出现的“政府各个部门永久不变的秩序”这句话是期望三级会议与国王协力达到的伟大目标之一。当时负责财政的大臣内克在实际召集三个等级前一个月给国王的报告中，虽然声称要反映国王内心深处的目的，实际上并没有在召开会议通知书上把所采用的含糊词语的意思说清楚。内克没有提到宪法，但似乎想当然地认为，三级会议今后会经常定期召开，种种极腐败的弊病就会被革除，政府部门会得到改进。政府没有提供进一步的改革方案，直到国王在网球场宣誓三天后亲临会场，才提出一项有 35 条款的详尽且令人感兴趣的改革计划。

政府提出的改革思想很模糊，然而在全国领袖人物心中，改革却已有了明确得多的具体设想，在三级会议开会前早些时候已发

展或要制定一部宪法的成熟的概念。从 18 世纪时各地高等法院不时发出的“谏诤书”中可以看到的这些观念值得注意的预示，后来就成为宪法革命的基础。法国这些高等法院早在大革命很久以前就已系统表述了宪法理论，而且还尽力设法让公众熟悉这些思想。

鉴于政府的立法与司法职能固有的密切联系，像巴黎高等法院这样一个高傲且有自我意识的机构会倾向于将其职责划分得宽广些，并扩大势力，以致对法律的制定施加适当的监督，这就不足为奇了，这种趋势几乎是不可避免的了，因为，按照长期存在的习惯法，君主敕令交法院登录在册时，法院可提出异议，并要求国王重新考虑。高等法院坚决维护这种参与立法的特殊权利，提出的论据不仅是根据先例，而且也根据公正和得当的措施。国王及其大臣们为企图迫使法院违反他们的意志把敕令登录在册，就会产生严重危机，遇到这类情况，法国君主的专制性质与立法法令的严正性质的问题就突出地呈现在全国面前。

高等法院虽然很随便地承认国王是最高立法者，但为了支持他们偶尔可能对国王愿望提出反对意见，就提出了一套宪法理论。他们以王国“根本法”的保护者身份自居，声称这使他们负有维护王国宪法和监督这些根本准则不遭违反的责任。这宪法或许意思不够明确，而且也不是由公认的成文法典构成，法院很正确地指出，尽管如此，正是由于持续不断地遵循某些古老的习惯法，法国才可以说拥有一个正式的合法政府。他们有一次直率地对路易十五说：“即使是奉承谄媚，也不敢断言，在每个案件中，凭国王意志

要办的任何事能立刻变成王国的法律。"[1]然而，这些高等法院似乎也意识到，他们的权利主张充其量也是建立在一个有点靠不住的基础上。他们从不敢全部列举王国的"根本法"，甚或做些引申。他们设法靠庄严的重复表示来弥补其含糊的主张。[2]

尽管各地高等法院的一些理论显然缺乏明确性，但是从1716年5月开始出现的许多广泛流传的谏诤书，必然给公众留下一个深刻的印象，使他们越来越意识到专制统治的种种弊端劣迹和危险。关于各地高等法院与国王的大臣们接连不断的冲突的性质，尽管在引起民众普遍不满的情绪方面很重要，但这里不能研究了。我们必须限于论述在18世纪各地高等法院是怎样激发人们越来越要求限制国王权力的。

下面是各地高等法院于网球场宣誓的70年前关于他们的主张的陈述，其中包括一些权利主张的摘要，这些主张后来在这些机构的许多不同的声明中分别得到详细发挥：

> 陛下，我们承认，只有您是我们的君主和主人，是唯一的立法者；承认您因时代不同，人民的需要，为维持秩序和掌管您的王国，使您不得不按照本国一向遵循的方式修改一些法律，用一些新法律代替旧法律。虽然如此，我们还是认为我们有责任提请您注意，有许多法律存在的时间与王国同样古老，是永恒不变的。保卫这些法律同王冠您责无旁贷……正是由

---

① 《布列塔尼法院谏诤书》，1771年7月。

② "高等法院深感它所要求的权利不可靠，就用庄严的语言发表含糊的声明来掩盖它的奢望的软弱无力。"见弗拉梅尔蒙，《18世纪巴黎高等法院谏诤书汇编》第1卷，第31页。

> 于这些法律是永恒不变的，您才做了我们的君主和主人。正是这些法律的永恒不变性质，使我们希望您头上的王冠，在经历您的公正和光荣的长期统治后，将世世代代传给您的子孙后代。
>
> 近来的情况很明显表明，维护这些本国固有的法律使法国受益良多，您的高等法院为陛下效劳是多么重要，高等法院对您和全国负责，严格遵循法律，我们必须兢兢业业地保卫这些法律，使之不受任何攻击。[①]

高等法院声称，就是路易十四，也把这个机构视为王国根本法的真正保卫者，即使最专制的君主也承认，把法案交高等法院登录是制定一项法律的必要条件。[②]

各地高等法院，特别是巴黎高等法院，就这样把自己置身于与国王同等的地位上了。他们都是靠同样的根本法或宪法而存在的。因而，司法长官们认为，“宪法是王国中最重要和最神圣的”，[③]它不仅规定国王“幸运的无能为力”[④]，而且规定各地高等法院有权在立法上合作。[⑤] 国王和高等法院的存在都由于同一不可

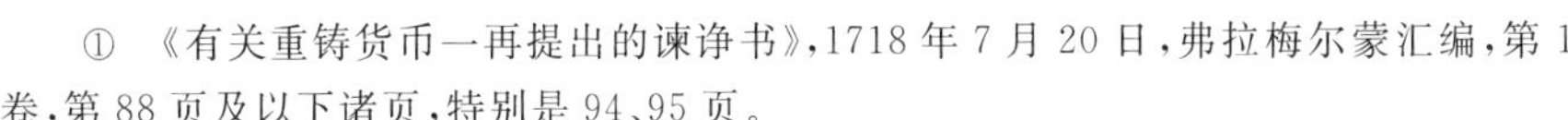

① 《有关重铸货币一再提出的谏诤书》，1718年7月20日，弗拉梅尔蒙汇编，第1卷，第88页及以下诸页，特别是94、95页。

② 同上书，第95、96页

③ 《1763年6月18日谏诤书》。

④ “幸运的无能为力”是从《西班牙君主政体中各种国家的女王的权利》一书中反复引用的引语，据认为是受到路易十四的启发。

⑤ “国家的整个行政管理是根据法律建立的，法律在审查研究之前，条条都须经过登录在册，一切法律必须经过审查才具有正式法律的性质，人民根据法律承认应该领导他们的人的权力。”见《1706年1月20日高等法院登录簿摘要》，又见《1763年6月18日谏诤书》各处。

侵犯的法律，国王们凭此成为国王。[①]

号称1753年的《大谏诤书》，详细论述了君主的意志与国家的法律之间的关系。它明确说明君主意志应服从法律，并引用了路易十四时代的政治文献中各种多少令人吃惊的引文来证明其理论。[②] 这份1753年的谏诤书，讨论了拒绝各种圣礼的问题，结束了由于教皇颁布的“唯一圣子”训谕引起的长期斗争。此后高等法院与政府之间的斗争就转向其他一些事情上。受爱戴的法官们，很容易受时代精神的影响，学会用民主的或最少是大众化的语调来发表他们的声明。“国家”、“人民”和“公民”这些名词越来越频繁地出现在给国王的忠告中。我们很容易看出，国民对于毫无限制或界限不明确的王权情绪日益敌对。我从1771年7月布列塔尼高等法院致国王的一份不出名的谏诤书中找到了关于宪法理论的最清楚和最成熟的陈述：

在随时代不同而变更的暂时性规章条例与国王宪法所根据的根本法之间存在着一个根本的差别。就前者[即暂时性条例]来说，各地法院的职责是去影响和启发统治的权力，虽

① 在1763年6月18日的谏诤书中，高等法院断言：“如同君主是法律的制定者一样，法律也是君主权力的根据和保证；一切损害法律的犯罪行为多少也直接损害了君主统治权本身。不承认法律的存在，或不承认法律由于其本身永久不变的性质，是国家结构的组成部分而具有无可否认的力量，那将会动摇王位本身的稳固性。按照首任高等法院院长向国王陛下尊严的先辈说的话：‘国家和王国的法律绝不能受到破坏，否则会引起人们对国家的权力和国王陛下的统治权发生疑问。我们有两种法律，一种是国王的敕令，这些敕令可以根据不同的时期和事件而更改；另一种是国王的法令，是不可侵犯的，陛下是根据这些法令登上王位的，王冠是他的先辈一直保留给他的。’”这最后一段引语是法院从1586年6月15日阿尔莱在国王面前发表的讲话中摘出的。

② 弗拉梅尔蒙前引书，第1卷第521页及以下诸页。

> 然各地高等法院的意见最终得服从您明智的决断，因为只有您有权规定与政府有关的一切事情。然而，掌管国家并不是去改变国家的宪法……因此，最重要的是区别下列情况，一是劝导的权利足以启发政府的统治权力，尽管这种权力范围很广，但仍然是有限制的，还有些情况，属于[君主的]幸运的无能为力的事，却越过了宪法制定的界限，这就意味着必须有权力去合法地反对独断专横的意志所不能做的和不可以做的事。

虽然这显然是一种片面的论点，旨在证明高等法院所要求的权力有法律根据，然而明显接近后来的宪法观念，这是与当时的法令立法有区别的。不仅“宪法”这个字眼在大革命以前好多年已为认真思考的法国人所熟悉，而且，其中包含的立宪政府的现代观念也迅速形成了。

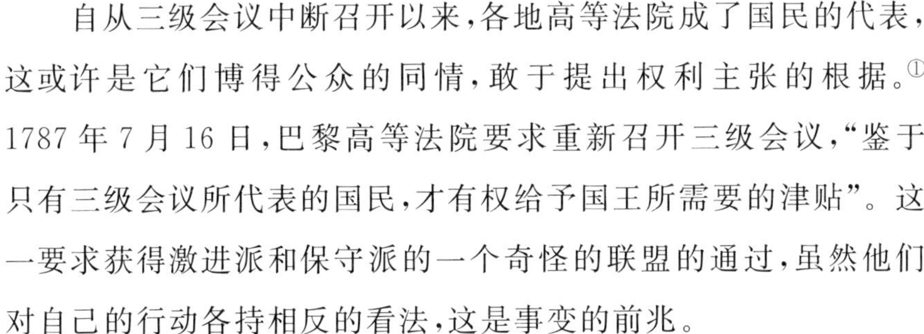

自从三级会议中断召开以来，各地高等法院成了国民的代表，这或许是它们博得公众的同情，敢于提出权利主张的根据。①1787年7月16日，巴黎高等法院要求重新召开三级会议，“鉴于只有三级会议所代表的国民，才有权给予国王所需要的津贴”。这一要求获得激进派和保守派的一个奇怪的联盟的通过，虽然他们对自己的行动各持相反的看法，这是事变的前兆。

美国早期各州的宪法无疑也许适用于澄清某些爱思考的法国

① “以前人民还可以有机会向先王们陈诉苦情以自慰；但150年来三级会议未召开过。直到今天，一些高等法院的谏诤书至少代替了各等级的申诉，尽管不够完善。”见1771年2月18日《审理间接税案的高等法院谏诤书》。

读者的思想。1778 年出版的这些宪法的最早的汇编，是为法国读者准备的。不久，根据国会命令，似乎曾又给法国送去 200 份订正版本。[①] 杜尔哥[②]、马布利[③]、孔多塞[④]及其他人曾著书评论美国的制度。我们在国民议会一些辩论中所发现的模糊提到的美国权利宣言，我认为无疑与美国联邦宪法[⑤]无关，一般也与《独立宣言》没有关系，而是指美国早期某些州宪法之前附上的详细阐述的人权法案，特别是马萨诸塞州和弗吉尼亚州的。

美国的经验也许给一个早已蓬勃发展的宪法改革运动增添了点精确性和活力，说美国范例具有比这更多的影响就没有把握了。真正能说明 1788—1789 年法国各阶层的人要求对他们的权利有一个书面保障的原由，不是从外国影响方面去找，只能在法国的种种情况和一些事件发展过程中去找。1788 年 5 月，被人们阻挠和激怒的政府企图摧毁这些古老的法院，在那随之引起人们情绪激

① 詹姆斯·肖特韦尔教授曾叫我注意弗雷隆的《文献年鉴》(1783 年版)第 7 卷第 107 页对这一美国官方汇编的奇妙评论。评论说，美国国会的目的"无疑是要满足欧洲合情合理的好奇心，自我介绍美利坚联邦具有什么特点，并以什么名称出现在世界舞台上。我们相信这不会受到热烈的欢迎，尤其是法国的热情欢迎，法国在美国人创立这个新共和国方面给了很多帮助。这整个思想都不是我们要采纳的，我们在可爱君主的统治下是如此自由，因此，当我们为他们享有一种更符合他们趣味的自由而感到高兴时，对他们却丝毫也不羡慕。"然而美国《独立宣言》在法国被称作最重要的文件，马萨诸塞州的宪法受到详细的评论。

② 法国重农学派经济学家、政治家(1727—1781 年)。著有《关于财富的形成和分配的考察》等书，曾任财政总监，因厉行改革遭反对去职。——译者

③ 法国政治社会思想家(1709—1785 年)。著有《公民的权利与义务》等书，对法国大革命有重要影响。——译者

④ 法国哲学家、数学家，侯爵(1743—1794 年)，吉伦特派领导人之一。——译者

⑤ 美国联邦宪法的头 10 个修正案，形成了一些可以说是权利法案的东西。它们直到法国的《人权宣言》最后定稿一个月后才提出来。

昂时期，巴黎高等法院遂大胆地比以前更详细地系统阐述了宪法的一些原则。根本法中包括有“国民有权通过三级会议自主决定给国王的津贴”，和每一个公民除非立即送交有管辖权的法官审理，否则永远有权拒捕。这些主张提出了人权和公民权利这两个权利，后来得到国民议会承认。与这些主张一起提出的还有其他许多主张，目的在于从宪法上规定，国王及其大臣们无权废除各高等法院，而各高等法院则享有“在各省检查国王的意志，指令那些既符合国家根本法又符合各个省宪法的条例登录在册的特权”。

巴黎高等法院这种诉诸各省优先考虑本省利益的政策，尽管在某种意义上是一种荒谬的时代错误，但在当时却很成功。自从一年以前卡洛纳[1]透露财政状况后，政府已完全丧失民众的同情，而政府试图废除各地的高等法院又引起了一些省份的许多严重叛乱。多菲内的高等法院不仅促成了三级会议的召开，而且对三级会议的精神和性质发挥了重大的影响。

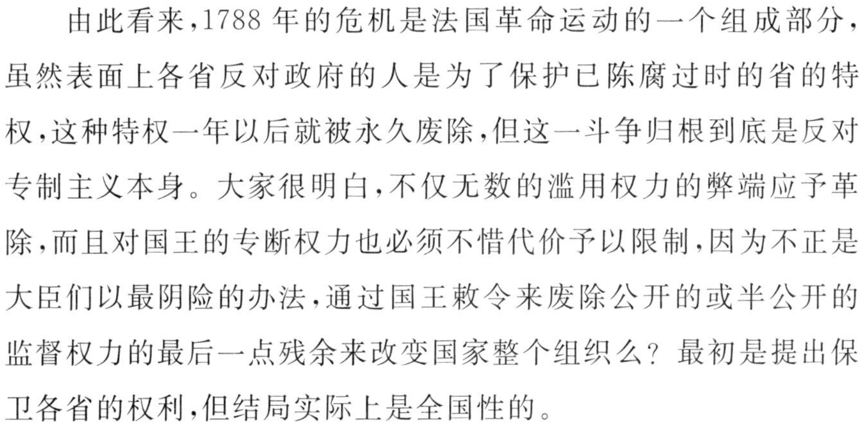

由此看来，1788 年的危机是法国革命运动的一个组成部分，虽然表面上各省反对政府的人是为了保护已陈腐过时的省的特权，这种特权一年以后就被永久废除，但这一斗争归根到底是反对专制主义本身。大家很明白，不仅无数的滥用权力的弊端应予革除，而且对国王的专断权力也必须不惜代价予以限制，因为不正是大臣们以最阴险的办法，通过国王敕令来废除公开的或半公开的监督权力的最后一点残余来改变国家整个组织么？最初是提出保卫各省的权利，但结局实际上是全国性的。

① 法国路易十六的财政总监(1734—1802 年)。——译者

三

国王决定召开三级会议，引发了大量小册子的出版，特别是在1788年下半年出得更多，这是十分自然的事。这些小册子的作用相当于后来从之迅速发展起来的现代报纸社论。当他们主要讨论代表的人数和投票方法时，有的人则谈论三级会议应做的工作。西哀耶斯的小册子很有名，这位小册子作者一开始就在国民议会中居于权威的地位。有一本不大有名的小册子，匿名出版于网球场宣誓前一年，说明制定一部宪法的必要性。人们有充分理由认为它的作者是拉博·圣艾蒂安[①]，此人后来在6月20日以前的国民议会中发表过最激进也或许是较有影响的讲演。小册子中说：

> [作者认为]只要你们的不断变花样和独断独行的政府继续存在，只要你们的利益所暂时托付的大臣们处于可以推翻既定秩序、修改或废除他们先辈所订立的法律和规章条例的地位，那你们为纠正弊端和改善你们的处境的种种努力都是徒劳的，而且没有什么持久的结果。[②]

在判断一部好的宪法的一些原则时，虽然作者谈到瑞士和美国的宪法，但他显然承认，英国毕竟提供了最适宜的范本。他认为，宪

---

① 吉伦特派政治活动家，著名记者（1743—1793年），著有大量政治小册子。——译者

② 《致法国国民，关于政府的腐败，关于制定一部宪法的必要性和三级会议的构成》，载《高等法院档案》第1卷，第572—573页。

法应规定：立法机构分两院，政府分权，内阁责任制，对人身和财产的保障，出版自由等等——这是个全面的方案，无疑多少是从孟德斯鸠著作中摘抄的。然而，就我已研究过的那时的许多小册子来说，我认为这一本是较好的。正如索雷尔说的：“法国人对公民自由要比对政治自由更渴望得多。”我们发现，大量小册子是讨论财政上的压制和现存社会和经济的弊病，很少就已提出的政治改革或宪法改革进行讨论。

陈情书显然也具有同样的倾向，这种文件是按照古老的习俗，由各个选区的贵族和教士以及城镇乡村的平民把一长串的冤苦之情和改革建议列举出来。这些陈情书表明一个即使实际不是很普遍的也是很广泛的愿望，那就是要求废止波旁王朝的专制政府。我们从一份教士的陈情书中随便举个例子，第一条中说：“国家的根本大法不应建立在一些可疑的晦暗不明的传统上，而应建立在一个牢固的基础上，也就是说，建立在公正和为人民谋幸福的基础上。”这一陈情书宣称，“除非国民的权利得到庄严的承认和确定”，否则三级会议将一事无成。“应该起草一份包括这些权利的宪章，将这些权利不可改变地正式用文字记下来。”[1]这份陈情书措辞非常含糊，受到所有圣职人员的欢迎，代表了一般的最低要求。所有的人似乎认为，制定一部哪怕是能保证定期举行三级会议的宪法，他们所要求的公民权利和自由就能确保。如果个人的权利一旦得到明确规定，并且庄严地不可更改地写成文字，国民经常参与行使立法权力就会阻止政府压迫。人们并不认为这样的方针包含有任

① 《芒市司法总管辖区陈情书》，载《高等法院档案》第3卷，第637页。

何激进的改革思想。事实上，就贵族的某些陈情书来说，他们的愿望似乎是要使自己的特权得到保障，认为这些特权就是“根本法”。他们认为，这些特权如写成文字，今后就不会像近几年来那样受到置疑。泰纳断言，那时的一般贵族，包括孟德斯鸠在内，认为已有一部宪法，虽然有一些例子支持这种观点，然而这些陈情书却没有予以证实。[①]

某些城市的陈情书较明确地表达了为维护人身和财产基本权利争取某种保障的普遍愿望。例如，在里昂司法总管辖区的陈情书中：

> 鉴于专横独断的权力一直是折磨国家的一切祸害的根源，我们的最高愿望就是制定一部真正的国家宪法，宪法将规定全体国民的权利，并提供一些法律来维护这些权利。因此，我们的代表们将要求三级会议颁布并经国王批准的一部严格的宪法，其主要宗旨为下：[列举 14 项，最后的附文是]由于没有一部好的宪法，社会就无望得到幸福，里昂省建议本省代表在三级会议制定出法国宪法之前，不讨论其他议题。[②]

在这些陈情书中，我们注意到人们把两种完全不同的要求十分自然地、不自觉地混同或者说融合在一起，一种要求是“政府和公共秩序各个部门制定出一套不能改变的规章制度”[③]，另一种是

① 尚皮翁在为其编辑出版的西哀耶斯的小册子等的序言(第 9 页，注)中已指出这一点。

② 《高等法院档案》第 3 卷，第 608—609 页。

③ 《博韦第三等级陈情书》，载《高等法院档案》第 2 卷，第 279 页。

制定“将永远保证国王的权利与国民的权利的法兰西宪章”。[①]“国民权利”的措辞频频出现,有时与“王权”相提并论。但是,国民的权利毕竟是建立在含糊不明确的历史基础上。通过诉诸社会每一个成员的不可剥夺的权利,难道就会把专制统治那些一再发生的舞弊腐败和对人民权利的阴险侵犯永远排除么?人们希望,要是这些权利和“社会契约的一些原则”得到明确而庄重的宣布,就会成为法国政府的基础。芒特和默朗的贵族进一步宣称,“政治原则应该是同道德原则一样绝对”;因而他们要求发表一个“权利宣言,这就是说,将由国民代表们提出一项决议法令,以国民的名义宣布,属于所有有理性、有才智、具有道德思想的人的种种权利——这些权利在任何社会制度建立之前就已具有[!]”。[②]

在迫切要求单独宣布人类生来就有的对赋役的政治豁免权方面,没有比内穆尔第三等级陈情书表达得更明白的了,它要求国王在三级会议上说明人类和公民的固有的政治权利和社会权利之后,立即起草一篇宣言,这一宣言要在所有法院登录在册,在所有教堂一年公布几次,编入所有供幼童阅读的书中。不会背诵这一宣言的人不得进入任何司法的和行政的机关工作。此外,这份陈情书,像包括巴黎城里人的陈情书在内的其他陈情书一样,还提供了一篇精心拟定的权利法案草案。

巴黎陈情书比其他地方的起草得晚,直到5月5日三级会议开会时才完成。指定起草这份陈情书的委员会中包括有许多著名

① 《卡昂教士陈情书》,载《高等法院档案》第2卷,第486页。

② 《高等法院档案》第3卷,第661页。

人物，他们讨论的结果是，在国民议会制定宪法之前提出一份宪法的最全面方案。陈情书的第一部分是谈宪法。巴黎的代表们“在国民的权利宣言成为法律之前，在有关宪法的基础的意见获得一致通过和确实有保证之前，明确禁止巴黎代表们同意给国王的津贴或贷款。”这份宪法草案像后来国民议会实际颁布的那样，在前面附有一篇权利宣言，陈情书宣称，这份权利宣言应该“成为一份国民的宪章，并形成法国政府据以建立的根据”。就我所看到的许多陈情书，除了内穆尔陈情书外，没有哪份陈情书像这份一样，关于权利宣言是宪法的一个必不可少的部分这一富有特点的思想，有如此清楚的说明。不仅这一建议为国民议会所接受，如大家所熟知的，在宪法前面加上一篇《人权和公民权宣言》作为序言，而且巴黎陈情书的词句与国民议会最后采纳的文本词句也惊人地相似。这份陈情书中建议的许多条理清晰的宪法条款，从其与1791年的宪法十分近似的情况，就可以充分估计其重要性了。其中有下列诸条：

在法兰西王国，立法权属于国民与君主共同拥有。行政权只属于国王。

三级会议除临时会议外，应每隔三年定期召开一次。休会时须宣布下次开会的时间与地点。

凡犯有企图阻挠三级会议开会的罪行者，应被宣布为国家叛徒，犯有危害国家罪[原文如此！]

在两届三级会议休会期间，政府在执行上一届三级会议颁布的规章条例时，只能发布临时性规定，这些临时性规定除非得到下一届三级会议通过，不得成为法律。

还可举出更多的例子来说明这个草案与最后采纳的方案的相似之处。陈情书声称：

根据刚已说明的一些原则，宪法应由本届三级会议制定，应该成为国民的财产，除了制宪机构，这就是说，除了国民或全体公民为了补充或完善这部宪法而特别选出的代表们外，不得变更或修改宪法。

对一份权利宣言的信赖是不难解释的。法国一般国民并不了解按照一个新方案全面改组政府工作的艰巨。大概很少有人预见到，制定完成的宪法是一部冗长的法律文件。人民虽然盼望有一个根本改变，但他们并没有注意到政府系统的错综复杂。他们最想得到的是确保公民自由权；不大在乎参加管理政府，只渴望能监督它直到能防止旧弊病复活。有二三件事他们是清楚的：国王及其大臣们一直在奢侈浪费国家公款，并使国家陷于严重的财政困境；大臣们近来试图要专断地废除高等法院这个古老但大体上是得人心的机构，以便巩固他们的暴政并消除最后的宪法保障；政府的某些行径公然侵犯最显而易见的人类权利，令人反感；最后，旧制度的普遍混乱状况已妨碍了工商业的发展，使成千上万的人痛切感到局势恶劣，这些人从未读过卢梭著作的一个字或看过一行马萨诸塞州的宪法。拉罗谢尔的贵族在陈情书中非常清楚地说明，为什么实际上全体国民都要求对根本法和民权保障有一个明确的正式文件的理由。

我们看到了五花八门的征税剥夺了臣民的财产；各种特

> 权垄断使商业活动瘫痪；密札束缚住人们的自由，把犯罪者救出，却把无辜者投入监狱，各种特别法庭把法律搁置一旁，推翻了法院，每个大臣都对他的先辈们制定的办法倒行逆施。[①]

看了这些宣言，尚皮翁先生正确地断言：

> 古典精神，对抽象概念的爱好，先验的推理，这些可能对某些陈情书的起草产生过一些影响；然而制定一部宪法的思想并非来自哲学，也不是来自高尚的狂想；而是由于公众的苦难唤起的。即使从未有过一部《社会契约论》，这种思想也会由于境遇逼迫而传播开来。王国现在已变成一团混乱的状况，为什么要把可由王国状况充分说明的要求归咎于卑劣或邪恶的情绪呢？[②]

法国人长期以来已感觉到政府体系的滥用权力，迫切希望通过限制他们君主的特权来保障他们的自由权，因此，他们的思想很自然地并且必然地转向一种书面保证的形式，对国家的主要根本大法做明确的规定。他们强调人权宣言一事表明，人们期望的是一份英国意义的宪章，而不是一部像1791年宪法那样精心制定的宪法。米拉波有一次以独到的洞察力指出：[③]“现在没有人否认，法国公民不是通过一般的知识的提高，而是由于意识到其政府的肆意妄为、恶劣腐败的行径，而为这个刚已发生的革命做了准备。每个人都明白应摧毁什么，但是没有人知道应建立什么。”

① 《高等法院档案》，第3卷，第472页。

② 《1789年陈情书后的法兰西》，第39—40页。

③ 与拉马克通信中的致法院第23个备忘录。

四

这样对1788年危机和表现在各种陈情书中的公众情绪做简略回顾，使我们对于国民议会的态度也就很容易理解了。1789年6月17日，第三等级称其使命是确定革新国家的一些原则。7月9日，它的制宪委员会提出第一份报告，这是一份极好的报告。他们把宪法——一个确定的政府制度——与权利宣言做了仔细的区分。报告说，为了起草一部良好的宪法，“必须承认固有的公平对待原则赋予每一个人的一些权利，恢复必定是形成各种社会的根据的那些原则”。委员会建议，为了记住宪法的目的，宪法前面应有一篇人权宣言，但这篇宣言不宜与宪法分开颁布，因为担心如果不和宪法具体条文一起发表，宣言的条文就显得太抽象了。

因此，应公众十分普遍的要求，人权宣言就起草出来了。大概代表们很少有不赞成这个宣言的，8月4日，国民议会根据实际上一致投票通过的决议，把宣言附在宪法前面。关于内容方面有些令人沮丧的讨论，这里就无须叙述了。8月26日，宣言达成最后文本，国民议会曾在不同时段集中讨论，大约花了14天工夫。这时间是不是白浪费了，甚或比浪费更糟？他们的代表是不是迷失在含糊晦涩的抽象概念的讨论中，从而为了纯粹的理论问题而牺牲了国家最高利益，为比他们自称要消除的灾难更变本加厉的灾难铺平了道路？或者，从另一方面来说，宣言的原则是否大体上是正确的、全面的而不是抽象的、理论的，是以国民多少年的经验为依据，对于制定他们的伟大事业的纲领很合适的么？

在试图回答这些问题之前，让我们再读一读宣言本文，它是简短而富有启发性的。

组成国民议会的法国人民的代表们，认为对人权无知、忽视或藐视是造成公众灾难和政府腐败的唯一原因，因而决定在一篇庄严的宣言中把与生俱来的、不可剥夺的和神圣的人权予以宣布，以便使这篇经常摆在这个社会机构所有成员面前的宣言将继续提醒他们记住他们的权利与义务；以便立法机构的法令和行政机构的法令一样，随时可以与所有政治制度的目的加以比较，从而获得更多的尊重；最后，以便公民为有冤苦之情今后可根据简单而无可争辩的原则处理，这既将会维护宪法，又增进所有人的幸福。因此，国民议会在上帝面前并在上帝庇护下，承认并宣布下列人权和公民权：

第一条　人们生来是而且始终是自由的并享有平等的权利。社会差别只能建立在全体国民的利益的基础上。

第二条　一切政治联盟的目的是为了维护生来就有的和不可剥夺的人权。这些权利就是自由、财产、安全和反抗压迫之权。

第三条　所有主权的本体实质上在国民，任何团体和个人不得行使任何非直接来自国民的权力。

第四条　自由意指做任何无害他人的事情的自由；因此，每个人行使自由的权利，除了保证其他社会成员也享有同样的权利外，没有什么限制。这些限制只能由法律规定。

第五条　法律只能禁止有害于社会的行为。法律不能阻止人们去做法律所没有禁止的事情，也不能强迫任何人去做法律所没有规定的任何事情。

第六条 法律是公共意志的表现。每个公民有权亲自或通过其代表参与制定法律。所有的人都应受到同样的保护或惩罚。所有公民在法律面前一律平等，他们除了在道德和才能上有差别外，都同样有资格不加区别地根据其能力担任一切显职以及一切公职和职业。

第七条 控告、逮捕或监禁任何人都必须根据待审理的犯罪案件和按照法律规定的程序和手续，任何人应为请求、传达、执行或促使执行任何专横的命令受惩罚。但是任何公民为根据法律被传讯或逮捕时应毫不拖延服从，因为抗拒就等于犯罪。

第八条 法律只应规定确实需要和显然不可少的惩罚，除非根据犯罪前已通过和颁布的法律合法施加刑罚外，任何人不会受到惩罚。

第九条 任何人在未被宣告犯罪以前都应被推定为无罪，如认为必须逮捕，法律严格禁止一切非逮捕犯人人身所必需的严厉手段。

第十条 任何人都不应因其言论，包括宗教观点在内，而受到干扰，只要他表明的意见并没有扰乱根据法律建立的公共秩序。

第十一条 自由交换思想和意见是人类最宝贵的权利之一。因此，每个公民都有言论、著述和出版的自由，但必须对滥用法律将规定的这种自由负责。

第十二条　为确保人权和公民权利，需要有国家军队。因此，建立这些军队是为了全体人民的利益，而不是为了那些将被委托管理军队者个人的利益。

第十三条　为维持国家军队和支付行政开支，必需征收公税，这种征税应按各人收入比例由全体公民平等负担。

第十四条　全体公民有权亲自或通过其代表决定征收公税的必要性，自主授权征税；了解税收的用途；确定税收总额、估定税额和征收的方式以及征税的期限。

第十五条　社会有权要求每一个国家机关汇报其行政管理情况。

第十六条　一个社会如不能确保遵守法律，也没有规定三权分立，就根本无宪法可言。

第十七条　财产既是不可侵犯的和神圣的权利，由此任何人都不得被剥夺，除非法律上决定因公共需要予以明确征用外，但唯一条件是业主必须事先得到合理的赔偿。

这些“1789 年原则”难道不是代表了当今欧洲各国政府最平常的见解吗？可是在 18 世纪，除了英国，每一条都受到每一个欧洲政府的忽视。塞诺博斯先生[①]曾提醒我们，“在 18 世纪，当一个法国人把注意力转向政治问题时，在他看来，他在其中生活过的绝大多数制度都是一些违反理性和人道的弊端。”那么，要是我们不是受到那些拙劣的和怀敌意的批评家的言论的影响，不是受到西哀耶斯及其他人在辩论期间的发言（这些发言的自以为是的愚蠢

① 法国历史学家（1854—1942 年），著述颇丰。——译者

程度肯定是无聊的议会辩论中极少超过的)的影响,而对人权宣言抱有成见,假使我们忽略一二句演说的华丽词藻,难道我们没有发现,这毕竟只是一篇对种种弊端的庄严而简明的批判么?难道不是一篇关于国民议会有义务实现的一些实际改革的具体而积极的、尽管也是一般的声明么?每一条文的背景难道不是都有一些长期存在而急需纠正的弊端,因而国民盼望得到一个全面的宪法保障么?

宣言显然是一种折中方案的结果,并反映了盛行于各种陈情书中的混乱思想。有的人要列举人在变成一个社会人之前的种种人权;另一些人认为权利只能是订立契约的结果;又有一些人希望只制定可能会关系到对现存制度的实际改革的一般原则。看来持这最后一种斟酌的意见和观念的人实际上终于胜出。在辩论中他们并不像那些空谈理论的人那么引人注目,但是最后的宣言草案较之以前提交的所有草案的显著优势,可以说是对国民议会正确的判断力的赞扬,它懂得如何把那些较异想天开的代表们的狂妄古怪想法压制下去。①

在国民议会最伟大的政治家米拉波看来,《宣言》在理论上阐明对各种政治社会和各种政府都具有法律约束力的某些一般原则。尽管如此,然而在为当前这个“古老且腐朽”的国家起草这些

① 有些最重要的条款只是对国王已做出的一些让步和国民议会在废除封建制度的伟大法令中提出的一些改革的追认。国王在6月23日允诺国民代表应有权批准征税,每年的财政预算应公布,缴税方面不再有特权存在,并已要求各等级与他一起协商废除密札和维护出版自由。接着,8月11日法令宣布,国民议会已废除鬻卖司法和市政官职的制度,并宣布,所有公民不论出身如何,均有资格担任官职。国王的这些让步和国民议会的这一立法就足以使后来的宣言中几条重要的条文成为现实。

原则的说明时，绝对必须使这些原则服从并适应于“当地许多情况”，米拉波宣称，宣言的目的

> 不是要使人们想起他们从书本或抽象的沉思冥想中得出的东西，而是想起他们曾经历体验的事，因此，一个国家不应违背的人权宣言，应是很自然地作出的一篇阐明观点的报告——如果它惯于表达其观念的话，而不是努力去教人们一门科学。
>
> 先生们，这是一个十分重要的区别。因为自由从来不是哲学推论得出的理论成果，而是从日常的经验和许多事件引起的简单推理，可见我们如对事情越了解清楚，就越接近对自由的推理……这就是美国人制定他们的权利宣言的方法，他们有意地把理论放在一边，阐述应予明确的政治真理，以这样的方式诉诸人民，因为，自由对于人民才是最重要的，而且只有人民能维护它。①

① 《高等法院历史》，第2卷，第269、270页。

第八章　用历史眼光来看保守精神

一

人类开始有历史已经很长久了。最初的人类不过是非洲森林里面类人猿中的一种，能够用两条后腿走路，两条前腿慢慢地变成灵巧的臂和手了。这种新动物有一个好的、大的脑袋，能够用手做许多的事情，这就产生了一种倾向，使他利用他的手做出许多新奇的事情。他偶然将火石块投入火中，他看出火石裂成几片，这些石片可以作雕刮之用。这大概就是他所最早制造的工具。他的形状怎样，究竟是不是同现在的类人猿一样，遍身生毛，栖于树上，我们无法去断定。据法国的著名考古学者德·墨提耶的推测，在河边堆积物中所发现的最古的石器，大概制作于二十四万年前。假使旧石器时代人类祖先们，那就还要加上二十五万年，那么，我们可以断定，世界上的人类至今至少应该有五十万年。[①] 虽然我们不能确定史前期的准确年代，但是对于生物学和史前考古学有研究的人，断不会将这个时期加以缩短。假使我们将各种岩穴里面的

① 见德·墨提耶所著《史前史》（1901 年出版）第 363 页。——译者

遗迹研究一下，我们就可以知道远古的人类在很长时期，除了斲削石器的技术、各种石器的形式、骨器的装饰以外，人类在其他方面并没有进步。一直到了一万年以前所谓的新石器时代，人类才有了陶器、农业和住宅。北美的土著，当15世纪欧洲人前往时，还是处在新石器时代。

因为这些关于人类过去的事实都是近年来的发现，所以它们到如今还没有将我们的思想根本地改变一下。莱尔的名著《古代人类》那部书本(1863年出版)第一次将人类很古这个学说对英国读者发表出来。从前奥古斯丁为了要证明犹太的先知年代最古，遂驳斥《几个说谎的人》中所说埃及人考察天文已经有十万年之久那句话。他嘲笑说："上帝造人类距今不过六千年，埃及人考察天文怎么会有十万年之久呢？"[①]这位著名的教会长老的计算后来到了17世纪克伦威尔时代有一个名叫阿歇尔的大主教，又加以缩减。他说所有世上动物的造成和人类的祖先亚当的出现是在公元前4004年10月28日的星期五那一天。亚当虽然是一点经验也没有，但是上帝却叫他来订正全部的动物名词。那天还没有过去，上帝又造了一个夏娃来安慰亚当的寂寞。两人结婚那件事情是第一个礼拜最后的举动。虽然有几个哲学家和研究初期教会的宗教家对他这话表示怀疑，但是17世纪的新教徒因为他说得确凿，倒很相信他。直到后来的达尔文、赫胥黎[②]一班人类学家出来，才将我们的历史观念根本改变了，到如今才不过五十年。

① 见他所著《上帝之城》第18章，第40节。——译者

② 英国著名生物学家(1825—1895年)，创立进化论。——译者

为了要明了人类历史非常悠久的学说对于我们现今所处的地位、我们同过去的关系、我们对于将来的希望这些问题的重大影响，我们可以用一个很好的方法来说明现代历史的概念。我们假定将人类的全部历史压缩到十二小时之中，而我们假定现在是正午的时候。人类的历史，为了便利起见，就少算一点，假定它为二十四万年；那么，每一小时代表二万年，每分钟代表三百六十二年又四个月。关于十一时三十分以前，我们一点记载也没有。我们不知道那时候有什么人和什么事，我们只能推想那时候地球上是有人的，因为我们现在寻出他们的石器以及他们所画的巨象和野牛等图画。到了十一时四十分的时候，埃及和巴比伦文化的遗迹才开始出现。希腊的文学、哲学和科学，我们习惯上所指为"古代"的，到如今不过七分钟。培根写《论学术的进展》的时候，离今不过一分钟。人类发明蒸汽机，离今不过半分钟。我认为这种压缩式的表解，并没有费解之处。因为这种计算法比全部的画像容易领会、容易想象。人类历史的全部画像是如此地超出我们经验之外，以致实在不易领会。

依照上面的说法，我们可以得出两点明显的断语：第一，就是我们所谓古人，例如：泰勒斯、毕达哥拉斯、苏格拉底、柏拉图、亚里士多德、希帕库斯、卢克莱修斯等人，实在是我们同时代的人。他们虽然在阿歇尔大主教的眼目中看起来，无论怎么远，他们总是我们同时代的人物。我们没有理由可以说他们的脑筋比我们坏，或者比我们好。只有在知识方面稍有不同，因为自从他们的时代以来，知识一直是经常增加的。第二，我们可以看出人类的进步，最初非常慢，差不多过了几万年，看不出有什么进步。到了后来，一

天加快一天。居住在堆积层里面的我们的祖先，用一种石器做拳斧，用了有十万年之久，也许很为满意。据约翰·路卜克爵士的推测，这种拳斧用途的广大同现在小孩所用的折刀差不多。到了后来，他们慢慢地知道用火石和骨头制造刮刀、钻子、箭头、叉头和粗针等物。但是我们到了十一时半的时候，才发明陶器，而且开始有了家畜。至于使用青铜和铁来制造器皿和工具，那就更晚了。而且青铜时代的人对于石斧还存有一种虔诚的心情，一般的僧侣在金属工具发现后，还用石刀来宰牺牲。

据我们所知道的，能够自由思考的人要以希腊人为最早。希腊人在伦理学、哲学、逻辑学和数学等各种学问方面表现了人类的思考能力。但是他们对于周围普通事物的重要性，却并不注意。亚里士多德认为所有实用的技术都已经被发现了。他认为这种技术应该由奴隶去做，而哲学家则应该专门研究理想生活的原理，即善、真、美。在亚历山大城，我们所谓实用的科学，虽然有点进步，但是当时的状况实在不方便。人类应付需要的方法在罗马时代也并没有比亚里士多德集希腊思想大成以前好得多。教会的伟大神父，如杰罗姆①、奥古斯丁、安布罗斯②等人，虽然没有说物质的东西绝对是坏的，但是至少他们对于物质的东西并不感兴趣。他们所注意的是灵魂和上帝的关系。这种关系是超出知识之上的。同时代的新柏拉图学派学者们主张最高的真理是从先觉而来。理性所能发现的，至多不过是那些无关紧要的东西。当时新柏拉图学

① 罗马帝国末年神学家(331—420年)。——译者

② 罗马帝国末年神学家(340—397年)，曾任米兰主教。——译者

派的人们和基督教徒都专门研究神迹、魔术和神术来增进人类的宗教兴味，他们绝对不去研究上帝所造的世界。这就是中古时代初年所接受的遗产。当时，大部分教会初期神父时代的学说都被忘记了，教科书里面只保留了一些一知半解的、杂乱无章的、错误百出的希腊知识。他们认为自然世界至多不过是一种比喻，所有矿物都具有一种德性和魔力，同化学物理无关。以传说中狮子的习惯来比喻耶稣的死而复活；以鹈鹕的习惯来比喻我们的依赖过去。13 世纪时期，亚里士多德的学说被重新发现。各大学里对亚里士多德的学说十分尊敬。当时多明我派僧侣“伟大者”阿伯特[①]和托马斯·阿奎那又对这些著作做了详细的解说。但是他们的解说对于自然的研究和应用知识来增进人类的物质享受反而产生了一层障碍。因为所有亚里士多德的错误和后人解说中的错误，从此以后，都成为神圣不可侵犯的东西。

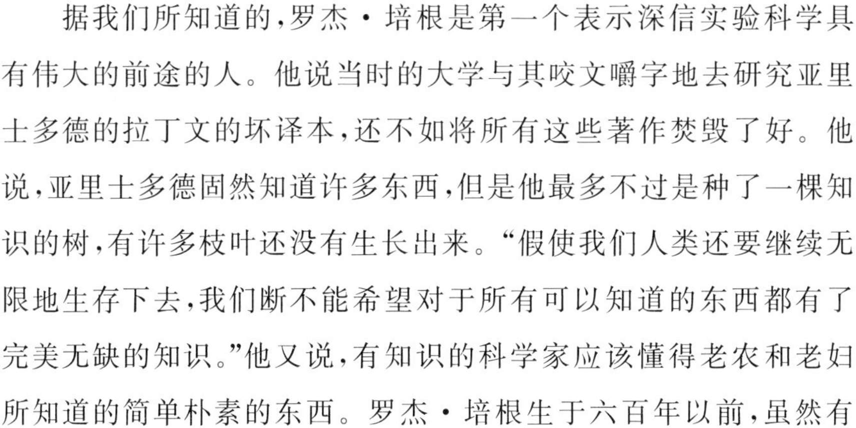

据我们所知道的，罗杰·培根是第一个表示深信实验科学具有伟大的前途的人。他说当时的大学与其咬文嚼字地去研究亚里士多德的拉丁文的坏译本，还不如将所有这些著作焚毁了好。他说，亚里士多德固然知道许多东西，但是他最多不过是种了一棵知识的树，有许多枝叶还没有生长出来。“假使我们人类还要继续无限地生存下去，我们断不能希望对于所有可以知道的东西都有了完美无缺的知识。”他又说，有知识的科学家应该懂得老农和老妇所知道的简单朴素的东西。罗杰·培根生于六百年以前，虽然有

① 中世纪德意志著名经院哲学家（1193？—1280 年）。托马斯·阿奎那的老师。——译者

许多地方还局限于当时的见解，但是他却是第一次说明了未来人类的幸福在于研究普通的物质的东西。他预言说：将来实验科学能够使人类可以不用橹桨去摇船，可以不用牛马去拉车，而且速度还大大增加；可以发明飞机，同鸟一样在空中飞行；造桥可以不用支柱，跨在河上。

当他说这些看起来好像幻想的话的时候，如果用我们压缩的时代表来计算的话，距今不过两分钟。离今一分钟的时候，才有人重视他的话。在新教徒领导人的心目中没有什么我们所谓进步的观念。路德把理智看成“是一种美貌的荡妇”，它蛊惑我们的心灵，使我们不能明了上帝在圣经里面所启示的真理。梅兰希顿曾经很热心地校订了一部古代星占学。卡尔文说人性是恶的，并且是腐败的，它本身绝对没有改过向善的能力。但是离今一分钟的时候，出现了蓬波纳齐[①]、布鲁诺[②]、法朗士、培根和笛卡儿等人，他们推翻了中世纪经院哲学家用亚里士多德的破砖烂瓦所建立的堡垒。他们主张运用理智，反对盲从古人。笛卡儿在《寻求真理的方法》这部名著中的最后说，他著这部书所以不用他的耶稣会教师们所用的拉丁文，而用本国的法文写的缘故，就是为了读者能够开动自己的脑筋，而不去死啃古人的书本。在此以前，培根的名著《论学术进展》也是用英文写成的。他老年时所著的《新工具》是用拉丁文写成的。在这两部书里，他研究他所谓的“人的王国”。奥古斯

① 意大利哲学家。——译者

② 意大利哲学家。因坚信哥白尼的太阳中心论，同旧说展开斗争。1600 年被天主教会焚死。——译者

丁却只知道有上帝的王国和魔鬼的王国。培根首先将实验科学的伟大前途用他优美的英文加以宣传。他说："古人是值得尊重的，我们人类应该根据他们的成就去发现最好的方法。但是既然发现以后，就应该前进。正如古语所说：古代产生新世界。这些时代是古代，因当时世界本来是古的，并不是由我们自己向后计算起来，才算是古的……

"还有一种错误，同上面所说的有密切联系。那就是存有这种幻想：以为古人的意见和派别，经过分析整理以后，最好的被保存下来，而其余的都被抛弃了。所以假使有人要想从事于新的研究，就往往遇到被前人所抛弃的东西。好些东西因为被大家所抛弃，因而也就被忘记了。广大的群众，或者最聪明的人，似乎对于浮在表面的东西允许它通过去，而对于实在的精深的东西反而加以阻止。因为实在说来，时间这样东西，好像是一条河流，它将轻的、浮的东西带下来，而重的、实的东西都沉没下去……

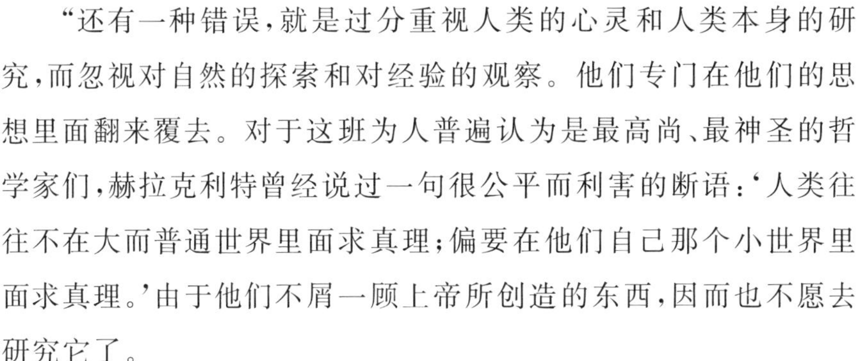

"还有一种错误，就是过分重视人类的心灵和人类本身的研究，而忽视对自然的探索和对经验的观察。他们专门在他们的思想里面翻来覆去。对于这班为人普遍认为是最高尚、最神圣的哲学家们，赫拉克利特曾经说过一句很公平而利害的断语：'人类往往不在大而普通世界里面求真理；偏要在他们自己那个小世界里面求真理。'由于他们不屑一顾上帝所创造的东西，因而也不愿去研究它了。

"但是最大的错误却在于将知识的最终的目的弄错了。因为人们希望获得学问和知识的目的，有的是为了满足他们的好奇心；有的是为了好玩；有的是装饰门面，争取名誉；有的是为了同人进行争辩;而大部分人则是为了从中取利和自己的职业。很少有人肯为了人类的利益和应用去运用他的天赋的理智。大部分人好像把知识看做是一张卧床,用来休养自己的研究精神……或者把它看作是一个商店,为了发财致富而并不是把知识看作是一个增进人类幸福和发扬上帝荣耀的仓库。[①]”

培根批判了人们的崇古思想,他指出,这实在是根据一种错误观念。古人既然生在我们之前,当然不能希望他们在知识和经验上和我们一样。培根要求当时在大学里的人们不要再去崇拜亚里士多德和他的注解者,不要去在他们自己的形而上学思想里面翻来覆去;而是要去研究周围世界的实在东西。要研究这种东西的目的在于希望增进人类的幸福。培根同摩尔一样,也写过一部《乌托邦》,书名叫《新大西岛》。在他那个乌托邦里,有个中心的机关,那就是一个国立的科学院,在科学院里面进行种种的实验,目的在于用科学发明来增进人类的幸福。后来有人批评培根,说他自己对于科学并没有什么真正的贡献[②]。这种批评也许是公正的,但是我们要知道:他自己是把自己看做一个宣传员。他是一个吹鼓手,宣布我们时代的开始。

培根所著的《论学术进展》出版于1615年。我们可以说:人类可以用自己的力量去求进步的可能性是无穷无尽的。这个学说从少数思想家心中明白地产生的时候,到现在不过三百年。把这个伟大的观念普及于社会,培根的功劳最大。这是人类历史中最重

① 见所著《论学术进展》第1卷,第5章,第1—11节。——译者

② 德雷珀所著《欧洲思想发展史》中,即有此种论调。——译者

要的一个观念，它给我们开辟了一个无穷的远景。

人类可以有意识地推动进步这个观念，不但是很新，而且只能在一种动的社会环境里面才能发展起来，而且是和历史发展的眼光同时发展的。希腊的思想家就没有这种观念。希罗多德虽然知道希腊的文化渊源于埃及，柏拉图常常提到埃及，但是他们始终并不明白我们所说的进步。亚里士多德虽然知道希腊哲学是从爱奥尼亚哲学发展起来的，但是他始终没有表示他曾想到人类能够无限地去发现真理，而且他也并没有培根的那种兴趣，把自然科学的结果应用起来以增进人类的幸福。卢克莱修[①]是西塞罗时代的一个伊壁鸠鲁派哲学家，虽然他曾猜想人类经历过石器时代、铜器时代和铁器时代，但是他的哲学思想中并没有进步的概念。他认为：假使人类看出宇宙是一种原子偶然结合的结果，有一定的种类，服从一定的规律，他们当然就可以认识宇宙。但是卢克莱修认为认识宇宙的目的无非是不再怕神和怕死。他始终在他的机械的宇宙观里面，并没有发现人类进步这个东西。他反而有一种退化观念，认为宇宙的将来必有一天完全瓦解。总而言之，希腊罗马的哲学家和中世纪时代的神学家一样，都认为文化是一种停滞不变的东西。

奥古斯丁和他的弟子奥罗修斯给历史提供了一个新的背景，他们认为从伊甸园起一直到阿拉里克攻陷罗马城止，所有的历史无非是说明上帝和人类的关系。但是他们不但不明了人类有悠久的历史和过去的进化，而且对于将来的进步，他们也绝对没有看

① 罗马诗人（公元前95—前31年）。——译者

到。因为在当时这些热忱的基督徒的心目之中，没有一件世俗间的改良是可以和死后那件事比起来更加重要的。他们认为，到那时候无论何人总要永登天堂，或者永入地狱。因此，在17世纪初年以前，欧洲人所努力追求的，就是竭力去达到过去所规定的标准。无论什么制度和信仰，只要经过长久的时期，就成了神圣不可侵犯的东西。现在的东西如能同过去一样好，那就幸运极了。自从布鲁诺和培根等人出世以后，权威和习惯势力才开始衰落，虽然还有那些自以为是拥护上帝的安排的人们出来反对他们，把他们看做不信宗教者、自由思想家和唯理主义者。

打破权威的思想，发展得非常快。这种思想是一种新思潮，而且是具有根本性的。到了18世纪，发展得更快。意大利法学家贝卡利亚[①]，当他提倡修改残酷的刑律的时候，就预料到有一班守旧人士一定要说他所要废除的是古代传下来的习惯。他请他们注意过去这样东西，始终是一个谬误的大海洋，它偶然露出一点真理来。在法国大革命初年，在一种最不利的情况下，孔多塞[②]曾经有一篇有名的文章，说明人类的进步是无穷尽的。他想将人类走向真理和幸福的步骤说得非常明白。他说："这种关于过去人类和现代人类的观察，可以引出确定新进步和调和新进步的方法。这种进步仍旧可以希望继续前进，这就是我工作的目的。他的结果是要根据理想和事实来证明人类能力的完成是无止境的，人类的完成是真正无穷的。这种完成的进步，既然离开所有限力而独立，除

① 著有《论犯罪与刑罚》一书。——译者

② 法国数学家和哲学家(1743—1794年)。著有《人类精神的进步》一书。——译者

地球不能永续以外，是永无止境的。”

把人类的眼光从过去转向未来的学说，在19世纪由于科学发明，它的力量更加壮大。这些发明证明了：第一，科学的发现使人类关于世界和自己地位的知识，比从前大大增加了。第二，人类应用他的知识来改进生产方法，使得古代的制造、运输和交通的方法，显得粗笨陈旧。第三，达尔文、莱尔、布歇·德·彼尔特[①]、赫胥黎、墨提耶、赫克尔[②]同其余的一班人，主张在未有文字记载以前，人类已经证明自己具有惊人进步的能力。他们认为人类不但可以由野蛮进入文明，而且能够从动物的地位变为人类。人类的祖先不但是用四足走路，和动物共同野处，而且根据达尔文的推测，人类的祖先或者是住在水中的一种还没有脊骨的蝌蚪。罗杰·培根、弗朗西斯·培根、笛卡儿、贝卡利亚、孔多塞这班人都竭力主张人类的知识是可以无限地增加，而且可以利用他们的知识来扫除旧日的偏见和习惯，来增进人类的幸福。19世纪的人们已经证明了人类的知识是千万年来学习的结果，人类的生活状况是千万年来改良的结果。但是以前的人类进步都是不自觉的。到了现在，进步这个东西才第一次变为一种有意识的努力和追求。所以在人类历史的十二小时中，无论有了哪些进步，只是到了十一点五十九分的时候，人类才来自觉希望进步。到了现在，人类才知道他是能够自由地进步的，而且是正在进步的过程之中。这件事，照

① 法国生物学家和人类学家(1788—1868年)。——译者

② 德国生物学家(1834—1919年)，著有《宇宙之谜》、《人类发展史》等书。宣传达尔文主义。——译者

我看来，是历史给我们的一个最重要的教训，也是对我们的行动最重要的指针。

二

假使我们前边所说的社会改良已经被大部分思想家看作是人生中一件最有关系的事情，那么，历史的最高价值，岂不是就在于能提供给我们一种进步的技术么？我们对于历史岂不是应该特别注重那些与社会改良有关的事实么？历史这个东西，自古以来就经常被一班守旧的人们利用来证实他们的主张；至于激烈派则往往不注意历史，他们或者认为这是守旧的人的武器，就加以抛弃。就是到了现在，急进派人士们还没有看出对历史的真实理解对于他们有何等价值。实在说起来，历史应该是他们的武器，他们应该从守旧派的手里把它夺取过来。历史的锋芒，在过去一百年中，磨砺得更加锐利了。我这篇文章的目的，就是要说明如何去利用历史这个锐利的武器去击退守旧派。

据我所知道的，普通人对于守旧和急进两种性格，并没有加以满意的分析。人们普遍认为：所有男女一生下来就有保守的和激进的区别，而且就我们的动物性看来，我们的勇气、精力和自信力都大不相同。但是据我看起来，即使是最极端的人物和今天最野蛮的人的区别，完全是因为教育的缘故。即使是近日已经绝种的塔斯马尼亚地方的土人，虽然还处在旧石器时代，他们的文化也是经过多年的发展的结果。现在那些真正没有受过教育的欧洲人，甚至连造句的能力和用贝壳削木棍的能力也都

没有。照这样看起来，大部分所谓守旧派和急进派可以说是广义的教育的结果，包括他们自小和文明人接近所得的一切东西。我认为近世的人类学家和心理学家都会同意这一点的，即至少凡是自由研究这个问题的人们一定会承认所谓天性这样东西，大部分实在是教育、直接的和间接的教育、有意的或者大部分无意的教育。

现在，那些保守的人们常常反对一切改良措施，他们认为改良就是对人类天性的改变。他们自诩懂得人类天性的特点，认为人类天性既然不能改变，那么，一切改良的措施显然就不能实行。蒙田曾经对这论点加以驳斥。他说：我们假使看看那宏伟光明的自然界，就可以看出它的复杂的现象是如此普遍地、长久地存在着；所以某一个人或甚至他的王国同自然界比较起来，不过是一个针头而已。但是现在我们有一种新的理由可以引用了。无论现在动物学家对于特性遗传的学说赞成与否，我们没有理由可以断定文化的分子可以一点一点地进入我们的血液里来。文化这样东西，或者是由模仿而来，或是由教育而来；假如没有模仿和教育，文化就要消灭。这一点塔德已经证明了。我们虽然将我们父母、祖父母同远祖的能力继承下来，但是除了通过模仿或竞赛以外，那种能力在他们的身体机能上，断不会生出什么影响来。可见急进派要想改革的和守旧派要想卫护的东西，并不是人类天性的那些特点，而是人类教育的人为的结果。因此，人类学家和历史学家对于保守派的人类天性这种说法可以将它根本推翻。只要同他们说：人类的习惯、制度和感情始终是复杂的，而且研究胚胎学的人可以证明保守派误以为永久不变的天性，实在是人

为地得来的，是不能遗传的东西。而且我们假使能够证明像蝌蚪的无脊椎的水虫可以演变成卧在树上的类人猿的动物，类人猿的动物可以演变成削石的工匠、能够在洞穴上画牛鹿的像，从削石匠可以发展成为一个能够说明石洞中充满了保守派那段动人的故事的柏拉图；那么，人类天性是固定的说法，是否能成立呢？

从科学和历史看来，把某个时代人类的行动和思想看成是体现人类天性是正常的和不变的原理的说法是不能成立的。不过历史和人类学都可以证明后代的一切都由前代继承而来。就是在进步最快的社会里也是如此，而且我们有理由断定，假使一个社会的环境没有什么变化，而且没有外来的扰乱，这群人的文化也就会永不变动。我们上面曾经说过，进化思想最近已为少数思想家所接受。最近五十年来，人类的思想和制度、知识的性质和范围所发生的变化，若同数千万年积累的遗产比较起来，当然是很少的。为了将我们对古人的依赖的性质和范围弄明白，我们可以想一想我们的语言、文字、法律以及政治、社会制度、知识和教育，我们对于这个世界和未来世界的看法，我们的嗜好和满足嗜好的方法等等就够了。原来在各方面都有一种过去的势力在统治着我们，我们自己并不觉得，而且也并不加以反对。大体说来，我们依靠着过去。即使是最激进的人们的思想，也往往不能超出他们所接受的过去的思想和习惯之上。我们一旦领会了这个真理，我们就可以庆幸自己，我们虽然是一些可怜的智力低劣的矮人，但因能够站在巨人的肩上，能够高瞻远瞩，看到我们立在地上所不能看见的东西。或

者我们可以磨断自己的锁链，而且像普罗米修斯[①]一样，要摆脱那块过去的巨石，以挽救自己在困难中的子孙。

他将法律和权利传给自己，
好像一种永远继续的疾病。

无论我们是赞美过去，或是咒骂过去，我们总是过去的子孙；而过去把我们培养起来。这就是我们的处境。无论我们怎样急进，只能沿着过去那条路走去，我们好像是在笼中跳窜的松鼠。

至于历史究竟同进步的原因和技术有什么关系，我们这里不去讨论。但是我们可以说一说我们的现代眼光对于保守思想有什么影响。约翰·摩利曾经将保守派的嘴脸加以如下勾画："他对于在别人看来绝不能容忍的现象，却具有无限的耐心；他对于不十分可信的东西和十分无用的制度，却力加卫护。他抽象地赞成进步和改良。但对于每个进步的建议却很冷淡而且加以反对。他的渺小希望是生活能够有一天好起来，但是他的大主见却是生活要一天坏一天！"这类人不但现在为数甚多，还受到尊敬。其中包括教士、律师、教师、新闻记者以及政界和工商界人士。其中有些人对于改良事业惶惶不安，但又不敢直言反对。他们一定想出许多理由来加以表白，或者把别人所做的改良说成是他们自己的功劳，或者挖空心思做一些无关重要的改革。他们对于一般青年发表演说时，先加以警告，称赞过去，对他们进步的斗争却加以劝阻。保守

① 据古代希腊神话，宙斯神取去人类之火。普罗米修斯乃用茴香秆向日取火。天神怒，以链条缚之于巨石之下，并命巨鹰一日咬其肝以苦之，卒感动天神之心，而被释放云。——译者

派是数千年来的产物，当时还不知道人类有可能进行有意识的改良。他们用过去的标准，为现代的状况和思想进行辩护，而不拿现在同将来作标准。他们并不明白过去曾经有过许多重大的进步，也想不到假使没有人把他们所代表的保守精神故意培养起来，社会可以迅速地得到改善。

我们假使将保守派所借以为自己辩护的那句“人类天性”的话推翻之后，他们一定会被我们激怒起来，反过来质问我们：“究竟进步是什么意思？”但是无论什么人，假使他知道我们现在文化仍是处在比较幼稚的状态，除了希望将来以外，可以安慰我们的地方实在很少，而我们四周围可以改良的机会如此之多，恐怕再没有心思去给“进步”下一个定义。我们要问问保守派，现在究竟哪件事情不需要改良？

保守派还有一个自慰的东西，这也是他们最后引以自慰的东西了。他们可以极力赞成地说：我们已经有了许多改良，而且竭力说，他们对于我们的各种合适的进步异常满意，不过怕进步太快了，容易向前跌倒，所以自愿来做一个车闸。但是问题是，这种车闸有存在的必要么？难道急进的人们曾经有过掌握大权的机会么？恐怕保守派不见得能够在历史里举出几个例子。但是他们一定要说法国革命的恐怖时代是一个最显著的例子。这个果然是历史上最好的例子，但是，不料那个时代的牺牲者卡米耶·德穆兰将法国革命那个恐怖时代的罪过很有理由地完全归到当时的保守派身上去。我也以为所有学者都要同意恐怖时代种种激烈的举动完全是被那个无能的、欺诈的路易十六和他那班受普、奥两国君主帮助的逃亡贵族所激起来的。无论如何，德穆兰曾经说过：为自由而

流的血同为维持君主或教士的领土和满足他们的野心而流的血比较起来，真是微乎其微了。

照这样看起来，就是保守派最喜欢举的这个变化最快的例子也经不起我们平心的仔细研究。而且我们可以说，进步的战车好像攀登险峻的山坡一样，保守派那种车闸不但无用，而且误事。梅特林克曾经说过：我们切不可怕走得太远或者太快；照过去同现在看起来，实在没有理由可以使我们生畏。不但如此，他还说："我们的周围已经有足够的人们，他们唯一的任务就是要扑灭我们所点的火。所有十字街头那几条通向将来的道路上，总有千人站在那里保护过去来反对进步的精神。我们可以不必去怕古代的好处没有充分的保障。我们中间最胆小的人所能做得到的，至少不要再把许多重量加到过去的上面就好了。"

历史，人类的和有机世界的全部历史，实在可以使保守派羞愧得无地自容。梅特林克所著的《我们的社会责任》一书里，对将来充满了神秘的希望。他认为过度的急进精神，或者是生活平衡上的一种必要的东西。他说："我们切不可对自己说：最好的真理常常在温和主义或者平均主义里面。假使大多数人的思想水平并不比实际需要更低，这句话或者是对的。这就是为什么其他的人的思想和希望应该比普通人高一点的理由。今天所谓平均，所谓温和，到了明天就可以变为不人道的东西。当年西班牙的异端裁判所存在的时候，一班好心肠的和公道的人都说异端不可烧得太多。那时极端的、无理的主张，就是连一个也不应该烧死。"

此处我们又可以从历史里面举出几个实例来，在柏拉图和亚里士多德看来,没有奴隶的社会是不可思议的。亚里士多德认为奴隶这样东西是人类社会里必要的附属品。照教皇英诺森三世的眼光看来,要使教会里面没有贪污的恶习,这是一种不现实的理想。照黎世留[1]的想法,外交上没有贿赂是一种神话。照贝卡利亚看来,审案时不用刑讯和没有腐败的法官,这是一种梦想。在富兰克林[2]时代,假使有人说在费城的人可以和密西西比河以西的人说话,或者花费极少的钱,就连极贫困的人也不觉得太贵,就可以将一封信送去世界各地,人家一定会说他是一个疯子。但是这些没有希望的、奇怪的幻想居然在一百年间都实现了。

对于这些进步,保守派一向是采取袖手旁观的态度,或者因为他们的性格是如此,或者因为他们的无知,或者由于他们的绝望。但是我们应该原谅他们,因为他们实在是不懂什么。他们并不知道他们自己就是过去数千年的遗迹。但是,历史这样东西,现在好像表示我们原谅他们的时期已终止了。因为他们所主张的人类天性不能改变的想法已经破产,并且他们以车闸自居的信仰,现在都被推翻了。

总而言之,保守派实在对过去没有正确的理解。从前急进派往往求援于将来,到了现在,他们可以用过去的成就和现在的成功来为自己辩护。他们可以指出:哪些事情是曾经做过的;哪些事情是正在做的;什么事情是应该做而尚未做的;而且最后,他们将开

① 法国路易十三世时代的首相(1585—1642年)。——译者

② 美国科学家和政治家(1706—1790年)。——译者

始明白事情应该怎样去做。我这篇文章的目的，就在于说明那些曾经做过的事情。假使我有工夫，我很可以说一说，知识的进步和应用知识来增进幸福，在这些方面，现在都比从前快得多。不过这一点，差不多人人都知道，用不着我去证明。几年以前，有一位法国文学家布伦蒂埃[①]宣言科学已经破产了。他说这句话的时候，正是镭将要发明的时候，这个元素只要我们能够控制和利用它所含的力源，很可以再在人类变化史上开辟一个新的纪元。他说这句话的时候，也就是白血球的作用将要发明的时候，这个发明为医学界开辟了一个无穷的远景。所以，会说科学破产的人，只有那一个可怜的气馁的文学家罢了。现在对于科学有研究的人，都知道我们对于有机的和无机的世界的理解现在不过是刚刚开端。

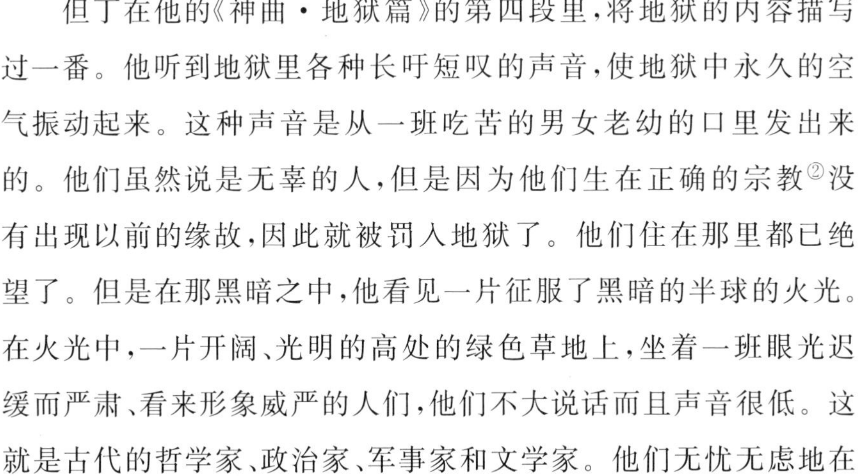

但丁在他的《神曲·地狱篇》的第四段里，将地狱的内容描写过一番。他听到地狱里各种长吁短叹的声音，使地狱中永久的空气振动起来。这种声音是从一班吃苦的男女老幼的口里发出来的。他们虽然说是无辜的人，但是因为他们生在正确的宗教[②]没有出现以前的缘故，因此就被罚入地狱了。他们住在那里都已绝望了。但是在那黑暗之中，他看见一片征服了黑暗的半球的火光。在火光中，一片开阔、光明的高处的绿色草地上，坐着一班眼光迟缓而严肃、看来形象威严的人们，他们不大说话而且声音很低。这就是古代的哲学家、政治家、军事家和文学家。他们无忧无虑地在

① 法国批评家，曾任《二世界评论》主编。——译者

② 指基督教。——译者

那里高谈阔论。不管小孩子悲啼，也不觉得他们下面有可怕的地狱。他们不知道地球的那方面有一块登入净界的高山，有一班人在那里想爬上去，但是天堂是始终走不到的。他们何必多管闲事呢？他们自己岂不是已经安然居住在那个适合于他们的天堂之上么？

至于要用我们集体的力量去实现大改革——如废除贫困、疾病和战争，同增进幸福的、合理的生活——这些事业，假使我们没有明白上面所举的理由，好像是无法想象的。以前人类的领袖往往把过去作为自己的标准和理想。保守派的祖先实在可以追溯到人类最初的时候。至于把将来作为根据的改革家实在是现代的产物。这种人一直到十一点五十九分半以后才出现。这种人是一个新家族，它的成员往往遭受保守派所鄙视。保守派对柯林斯派、伏尔泰派和潘恩派这些人们的名字肆意诬蔑。其实这班人的学说，在现在看起来，实在是平凡得很。现在看来，把希望寄托在将来的那些改革家实在是进步力量最后的产物。保守派虽然在那里反对什么在培根时代所谓“可疑的新奇”，而且痛骂改革是坏的、不能实行的，但是他们自己也不自觉地走进改良的过程之中。我们虽然不喜欢神秘，但也不能不承认我们自己有一种不可思议的不知不觉的冲动，好像是一种自然的伴侣。这种冲动好像专门在那里推翻现在的制度，隐隐之中要想推出一种较复杂的去替代现有的东西。这种生命的冲动，柏格森所谓“活力”可以代表自然界内在的维新的倾向。这种产生变化的能力——那就是广义的所谓冒险精神——已经不是诗人的或幻想者的观念了，最严格的历史学家和科学家也不能不注意它了。我们到如今才了解，尽管遭受人类的

熟视无睹，甚至诽谤抗议，但是这个自然的变动力量一直在发生作用。我们可以和这种变动的力量通力合作。

我们如今才找出那个反对圣灵的罪过——那就是不愿和改良的原理通力合作的罪过。总而言之，历史将要宣判保守主义的绝望的和恶毒的罪恶。

假使我们上面所申论的话是不错的，或者大部分是正确的，那么，我们全部的教育岂不是错了么？我们对于青年男女并没有用一种始终一致的方法去培养他们的进步精神，并没有使他们明白他们所负的责任——那种向前看和要求前进的精神。他们所受的教育大部分还是抽象的、古典的；我们如今还不敢把教育和生活结合起来。他们所读的历史，并没有使过去给他们一种教训。他们从小就养成一种尊重过去、不信将来的心理。照这样看起来，我们的教育岂不是不但不能作为改进的路标，反而成为进步的重大障碍了么？假使那班负责教育青年的人们能够十分明了我这篇文章里面所说的话，岂不是都要不寒而栗么？假使在我们中学校里、高等学校里、神学研究所里、法学院里，教师着重说明他们自己所教授的东西只是临时性的，而且要学生们快快去超过他们所讲的东西，你看这会对社会发生什么影响呢？上面的建议好像是讲笑话，但是可以看出，我们距离认识和接受历史的伟大教训还很远。

我再引几句梅特林克的话：

“我们应该想一想那只大而看不见的船，它将我们人类载到无穷的目的地去。它像我们普通海洋中的大船一样；也有它的帆和压舱石。我们不能因为它离开了碇泊的地方，就怕它波荡不定，离开航线，就将好的白的船帆收下，把它装在黑暗的船底，急忙增加压舱石的重量。帆这样东西，并不是织来为了使它和黑暗中的圆石放在一起的。压舱石到处都有；所有海港里的圆石、海岸上的黄沙都可以作压舱之用。但是帆却是稀有之物，是价值很贵的。它们的地位并不应该在黑暗的船底，而是在高大的船桅之上，面临无限光明。在这里它可以乘风破浪，推动船只前进。”

附录　论新史学

巴恩斯

本文译自巴恩斯:《生活在20世纪中》(Harry Elmer Barnes, *Living in the Twentieth Century*, 1928),第十二章(第347—381页)。

(一)导言

本书前面各章论述了前一世纪的一些重大历史变化,这些变化有助于说明有关"生活在20世纪"的许多主要问题。在最后这一章,我们将就20世纪状况对于历史写作本身的影响进行探讨。换句话说,我们将研究这样的一个问题:把历史写作同当今文明所创造的知识和观点调谐起来,这样做有什么意义。人们所大夸特夸的"新史学",其实只不过是一种历史写作的方向与综合,它是用今日的知识与论点去仔细考察过去的阅历而得出来的,这种做法犹如奥罗修斯的出于迫切害怕地狱便把基督教当作自己知识生活的轨道而撰写了《反对异教徒的七部史书》一般。

现时在史学界中流行的各种术语,也许没有一个像"新史学"这个名词那样容易引起尖锐的口舌争辩,或者使人们的思想平衡受到干扰。对于旧式的历史学家来说，“新史学”这几个字，等于请三K党的“神鹰”或“最高圣者”这些头目去吃一餐菜肉杂烩一锅煮的爱尔兰穷人饭。对于鲁滨孙教授的列阵备战的门徒们来说，这个名词却使他们脉搏急跳、脊骨挺直，像十字架旗的张扬激起了中世纪十字军人身体上的变化一般。另一些人则对这个离弃旧日叙述政治事件的历史的运动虽寄予同情，但他们却为“新史学”这个术语感到烦恼，因为它使他们联想到好战的宣传，刺激他们敏感的神经，因为他们在汗牛充栋的图书馆中作隐士式的研究工作，环境肃静，习惯于美国学院式历史家的那种传统的文雅与安静的生活的缘故。在这一章中，我们将企图对“新史学”做出一种和解性的评价，略述其主张与愿望所包含的纲领，指出学习“新史学”所必须具备的条件。这样的一篇阐述尽管有缺点，但毕竟是有价值的，因为，要成功地学习“新史学”，就不能采取毫无目的或漠不关心的态度。我们应当明确自己要学习什么和怎样去求得效果。

伯克教授[①]评论了我的《新史学与社会科学》一书，评论发表在《星期六文学评论报》1925 年 8 月 15 日刊上。他提出的精巧而有力的第一个问题，便是关于“新史学”的实质与范围，及其自称为“新”的确切性的问题。人们一般地认为，“新史学”是一种历史写作的类型，它放弃了历史的弗里曼[②]对于历史的概念，即满足于把历史看成是“已往的政治”，把一大串故事组织起来而加以说明。

① 伯克(Carl Becker 1873—1945 年)，美国当代历史家。——译者

② 见本书第 7 页注②。——译者

“新史学”传统地被解释为一种表达历史的方法，它试图在最广泛的意义上对文明历史的总体进行重建，使它像鲁滨孙教授所说的那样，包括“一切我们所知道的、人类曾经做过、想过、希望过或感觉过的事情”。就新史学的范围而论，这种说法大致是适当和正确的。但比这更根本的，是新史学的发展方向和斗争目标的胜利。

历史学范围的扩大和任务的修改，引出另一个根本性的要求或责任，即：要求有一种适宜的训练，使得对新史学有抱负的学者们能够满怀信心和成功地胜任对他们要求严格的职业任务。这种广博的训练主要是要求对于人性和人与自然环境及社会环境之间的关系具有深刻的了解。只有具备这些条件，才有可能去对付重新建设文化史的各个方面和分析社会制度的进化的困难问题。制度的进化记录着人类逐渐征服他们的物质环境，以及人越来越成功地组织人类集体力量的事迹。换句话说，要从事于新史学工作的人，就得彻底熟悉生物学、人类地理学、心理学和社会学。他们还需要就自己所决定要进行研究的那些范围，接受特别训练，掌握这些范围内所不可缺少的和密切联系着的某种社会科学或自然科学与美学部门的知识。

在本章后面的一段，我们将讨论要胜任新史学的开拓工作所必须具有的预备条件。我们有必要从一开始就坚持这一事实：我们对于历史学的新概念，不仅要求我们要大力开扩历史学者的兴趣领域和负担的范围，而且对于研究新史学所必需的预备条件，只要是能激发人们的信心，或是具有永久价值的，就同样要予以大幅度的扩张。有人曾说，新史学写作所需要的只是思想上的转变——只须把头脑转变一下，使它能够从叙述神圣同盟的起源或

辉格党的解散，转而去分析古代阶级斗争，或研究中世纪自然科学史，或对伏尔泰进行心理分析，或研究（拿破仑的）大陆制度的经济情况、现代法学的演变，或希波克拉底[①]技术衰亡以后医学上的进步，这样做就行了。据说，《圣经》上有这样一句话：思想无法使人长高一尺。我们可以申辩说，单凭思想，就更难把自己从一个因袭的叙事家变成一个文化史或社会制度史学家。因为，新史学既是关于历史内容的新纲领，又是对于历史实践的新要求。

关于新史学的范围，就讲到这里。那么，关于它的那个自称为"革新"的夸张的形容词的合法性呢？就其作为一种比政治和外交更要广泛的历史兴趣领域而论，它不能有效地自称为绝对或独特的革新。第一部综合历史著作，即希罗多德的《波斯战争史》，便对文化史的许多方面做出了贡献。此后每个时代总有一些著者，他们对过去的兴趣超越了军事战争和党派斗争的范围，即使他们的兴趣被消耗在某一圣人的大腿骨所显现的奇迹，或是女巫的肆虐。新史学对于自己的题材范围之所以能够自称为革新的，主要在于这种观点在现时被人们接受的程度。在已往的世代里，文化史的写作者是孤单的，而且往往被人鄙视。今天，压倒多数的青年史学家大声疾呼地拥护新史学的计划，而许多旧式的传统历史写作的代表人物或者投降了，或者是意气消沉。这种情况，要比第九十九个活泼的青年改信新史学更有意义、更加可喜。进化的观点和生长的态度的胜利，乃是真正的革新，是独特的事情，它引导历史家

① 希波克拉底（Hippocrates，公元前460？—前357年），古希腊名医，号称医学之父。——译者

首先把注意力集中于说明:现时的秩序是怎样形成的。这便是最完善意义上的真正新史学。

在提倡历史研究和写作需要具备一定的初步预备条件的主张上,新史学的观念也无疑地是革新的。到兰克时代为止,以前的史学家尽管有极少数人像波利比乌斯和马比庸那样坚持历史学者的专门训练和资格条件,但大家一般地都认为,无论何人,只要他有文学的志愿和流畅的文笔,就有资格对历史进行严肃的工作。兰克和他的继承者主张,历史工作需要预备条件,就是说,要在文件批评和史料学上接受严格训练。关于历史学者必须具有渊博的社会科学知识的论点,则是到了最近才流行的。社会科学只是在近时才到达这样的境界:它们的题材的可靠性,足以为历史见解和历史分析提供稳妥的基础。历史必须依靠社会科学,正如它必须依靠档案学和古文字学一样。这种看法的确是到了晚近才出现的。人们也许终归会承认,鲁滨孙教授的具有革命性的著作《新史学》——这是新史学派的宣言——它的最有创造性和最革新的一段,是"历史学的一些新伙伴"那一章。可见新史学之成其为新,是在于多数的西方历史学者普遍地承认历史研究的兴趣应该是广阔的,而其革新,则是在于它主张发展的方向和承认广泛的预备训练,作为执行其计划与方法的先决条件。

(二)新史学取得胜利的若干方面

促进新史学发展的因素与影响是多方面的。首先,有许多作者不但对于过去饶有兴味,而且他们的眼界远远超出政治、外交和军事战略的范围。如威廉·利尔[①]具有浪漫故事的讲说者对于中世纪的浓厚兴趣。福来塔哥[②]是个戏剧家,他把自己的创造性的见解伸入到自己国家已往的历史;布克哈特[③]是个美学家,他善于欣赏意大利伟大艺术时代的艺术成就;勒南[④]、德雷珀[⑤]和怀特[⑥]是唯理主义者,他们对于一切有关种族智力解放的事物,莫不穷理尽性地进行研究;敏感和有修养的格林[⑦]渴望能对祖国的伟大作出适当的解释;麦克马斯特[⑧]用实用工程师的眼光去欣赏那以一切阶级生活和利益为基础的吸引人的美国民族进化史。

另外一个强有力的影响是来自进化论的基本假定,特别是生物学家对于生物的成长的兴趣。诚如鲁滨孙教授所经常指出,是生物学家首先用成长和发展的态度看待一切事物的方法传授给历史学家的。这是新史学的每个重要方面的基石。属于现代流派的历史学家们所以把研究事物的由来当作自己的首要任务,主要是由于进化论的哲学反映在思想比较活跃的和易于感受的历史学家的思想中。在过去三千年中,历史学家失去了历史观点,终于由自

① 威廉·利尔(Wilhelm Riehl,1832—1897年),德国历史家。——译者

② 福来塔哥(Gustav Freytage,1816—1895年),德国历史家。——译者

③ 布克哈特(Jakob Burckhardt,1817—1897年),瑞士资产阶级历史家,以著《意大利文艺复兴的文化》一书著名于世。——译者

④ 勒南(Joseph Ernest Renan,1823—1892年),法国资产阶级历史家,以研究初期基督教史著名。——译者

⑤ 德雷珀见本书第45页注①。——译者

⑥ 怀特(Andrew D. White,1819—1916年),美国资产阶级历史家。——译者

⑦ 格林(John Richard Green,1837—1883年),英国资产阶级历史家,以著《英国人民简史》著名。——译者

⑧ 麦克马斯特(John Bach Macmaster,1821—1902年),美国历史家。——译者

然科学家来把它提出,虽然休谟和图格特在 18 世纪似曾预见到一点社会变迁史。

运用发生发展的态度探索事物起源的兴趣是产生在这样的一个时期:科学、技术和经济的巨大变化引起了人类文化的彻底变革,使得人们探溯文化及社会制度的发展,不能再局限于宪法史、政党发展史、外交的纠缠或王朝的世系。它必须意味着这样的事物的起源,如:发电机、外科麻醉药、国际汇兑、无线电活动、梅毒治疗、心理卫生、工厂制度、内燃引擎、柏塞麦炼钢法、机械发明、印刷机和无数的其他发明。这些东西,从未惊扰过傅利门恬静的酣睡。换句话说,探索现时秩序起源的冲动,产生在这样的一个时期:现存文明不再是以最引人注意和戏剧性的形式去表现为一小撮上等人物争夺经济特权、政治特权或以玩弄一班可怜傀儡的生命为乐的特权,这些傀儡构成了或多或少是开明的专制统治者的雇佣常备军。如是,人们就被迫地必须对文明历史发生兴趣了。

探索事物成长的方法把善于思索的学者们引导到新史学演变的下一阶段,亦即最后阶段。这就是致力于历史的解释,其目的在于发现那些文明的变化和社会制度的起源具有何种意义。虽然较为新式的历史学者不再希望能从过去的纪录中发现上帝的意旨或人类的最终命运,像那些习惯于把历史看成是用经验来进行教育的哲学的人们那样做,但是,必须承认,过往的唯一有意义的事件,只是那些能够启发现代或后代人的事件。而且,历史的唯一现实价值,在于它有可能帮助我们更好地去了解和掌握我们自己的文明。

在把这种种的冲动力结合在一起、去构成和建立新史学的工作中，首要人物是兰普莱希特[①]、贝尔[②]、鲁滨孙、泰卡特[③]和马尔温[④]。

兰普莱希特体系的产生，是基于他本人对于文化人类学的兴趣，和冯特[⑤]的心理学方法、孔德关于人类进步的心理解释，以及兰普莱希特自己的广泛文化兴趣，从经济进化直至音乐史。无论人们如何看待兰普莱希特的体系和历史公式，他的著作是最先提出了争论的，争论的结果使新史学取得了明显的胜利。

贝尔不仅就综合历史学的理论写出了渊博的论著，而且还计划了一部规模宏大的《人类的进化》丛书，企图真实地完成历史综合的工作。他的理论背景是制度进化的社会学观点。他企图对历史因果提出一个科学的解释，即把所谓历史综合的逻辑精密化，并用世界眼光使他的历史综合的概念真正能和对整个人类历史的全面研究相适应。

鲁滨孙和兰普莱希特、贝尔、泰卡特等不同，他没有提出任何关于历史理论的体系。他对发展的历史观的信仰，是逐渐的、经验的。作者认为，鲁滨孙史学主张的心理起源是在于他从前是、现在仍是一个非常善于思考的、在学术上好提问题的人，而新史学也不过是运用思考的历史而已，鲁滨孙脱离传统历史学是从他以成长的态度对待法国革命开始的。这种态度使他一步一步地追溯，直

---

① 兰普莱希特(Karl Lamprecht 1856—1915 年)，德国历史家。——译者

② 贝尔(Henri Berr，1863—1954 年)，法国资产阶级历史家。——译者

③ 泰卡特(Frederick J. Teggart)，美国资产阶级史学理论家。——译者

④ 马尔温(F. S. Marvin)，英国资产阶级历史家。——译者

⑤ 冯特(Wilhelm Wundt，1832—1920 年)，德国心理学家。——译者

到人类的起源。根据他自己的述说，从他开始工作，充任宾夕法尼亚大学助教起以后的二十年中，他把历史一直往后推，从断头台一直回溯到史前期的拳斧。此外，他又受到生物学家和他们的进化论与成长的方法的深刻影响。当他对思想和文化的发展过程具有较深的理解时，他就对历史进程更加重视，这就使他相信，历史资料的解释是头等重要的工作。在美国传播新史学的运动中，鲁滨孙的首要地位是无可争辩的。这是由于他的教科书的风行；由于他成功地充任了国内最大一个研究院的教授；由于在宣传历史研究的新态度时，他是如此温雅与和蔼可亲、如此有说服力；由于他的门徒人数众多，态度忠诚而坚定。

在历史新方法与新态度的重要作者中，没有一个人像泰卡特教授那样受委屈，他的影响同他的功绩是完全不相称的。无可置疑，他是美国乃至全世界最优秀的新史学理论家，是把历史看做社会变迁的科学的最强有力的宣传家。然而，在寥寥无几的学生们的小圈子以外，他几乎是不被人认识和没有影响的。这是由于他情愿单干，他否认别人所作出的成绩，而且对于那些担负了创立新史学工作的人们，他又拒绝同他们取得积极的联系。

马尔温不是个职业历史家，但是在英国唤起人们对新史学的兴趣、提倡新历史学的研究等方面，他所做出的努力比谁都要多。他极力主张进步的现实性，坚决相信科学与技术在促进社会变化和人类福利上的潜力。在世界大战中民族主义的矛盾与分裂所导致的祸害给他极深刻的印象。为了抵消这些祸害，他发表了一系列的讲演和书刊，希望通过对文化的共同了解和欣赏来提倡世界统一。他自己所撰写的三部书[①]，和由他计划并担任编辑的“统一丛刊”，是英国新历史学最显著的成就。

新史学近来在意大利获得惊人的支持。它滥觞于费雷罗[②]的《罗马的伟大与衰落》一书，该书曾引起了广泛的讨论。新史学还得到了大哲学家克罗齐的大力支持。意大利的进步历史学者是以巴尔巴加罗为首。他们的机关杂志是著名的“Nuova Revista Storica”，1917 年创刊。

(三)新史学计划书

曾经有人这样主张：任何人只须有一支笔和一瓶墨水，就可以做历史家，只要他愿意到当地的一个教堂墓地里去把石碑上一些铭文抄录下来，或是预备好一篇关于克利奥佩特拉女王[③]的论文，去向当地的缝纫组宣读就行。直至今日，也仍有细心的进步历史学者，他们反对确定历史学的领域，反对给它划定界线；他们只是鼓励那些企图这样做的人们，如果他们对历史问题发生兴趣，那么，直接钻进去，竭尽力量去钻研就是了。作者认为，很难承认这样的态度是正确的，除非人们能够同意：每个调制沸腾散的人都是医生，每个拿起锐利屠刀跃跃欲试的人都应当被鼓励去当外科大

---

① 马尔温曾著(1)《活着的过去》(*The Living Past*)；(2)《有希望的世纪》(*The Gentury of Hope*)；(3)《西方思想的形成》(*The Making of the Western Mind*)三书。——译者

② 费雷罗(Guglielruo Ferrero，1859—1909 年)，意大利历史家，以著有《古代罗马的伟大与衰落》一书而驰名于世。——译者

③ 克利奥佩特拉(Cleopatra)，古代埃及女王。——译者

夫。即使是那些旧式的、简单得多的、只是讲些插话及轶事的政治、外交和军事历史，也往往因缺乏统一的和经过熟思的方法和工作纲领而陷于困难。新史学对于它的纲领和对于实现它的企图所需要的训练若无一致的意见，就将遭受损失。新史学要求意见一致、统一和协作的程度，并不亚于医学、法律学或工程学等专门职业。

按照定义，新史学的纲领，就其兴趣范围而论应该是无所不包的。它记录过去曾经发生的一切事物。按照严格的或文字上的意义，所有过去发生的事物，没有一项可以被指为是非历史的而可加以排斥的。但是，这并不意味着自由散漫的漠不关心或是萌芽的无政府状态。新型的历史学者承认一切过去发生的事物都具有历史性质，从原始的萨满教徒的咒语，到所罗门王第七百三十一个妃子的化妆品的化学方剂，蒸汽机的发明，以及华盛顿从弗吉尼亚州赴马萨诸塞州一路睡眠时所用床垫的材料及其构造。但是，这并不等于说，新型历史学者对于这一切的事物抱有同等的兴趣，或是认为这些事物具有同等的重要性。诚然，一个人很可能只是在他最有兴趣的研究范围内做出优异的成绩。

如果一个人要立志作一个历史家，而且酷好研究瑞士的海军战术的演变，他的研究工作应当受到鼓励。但他也应该知道，他所研究的问题，绝不会和英国工业革命或现代技术史具有同等重要意义。在这些地方，应该坚持一种常识的态度。历史资料的重要性，一方面是由它的时代所决定的，另外一方面是由它对于现代生活的意义所决定；但是，最重要的是由历史家所抱的研究目的所决定。显然，中世纪的科学史绝不如中世纪的宗教史那样重要；而现代的宗教绝不及现代科学的发展重要。从哥白尼以来，星象学绝

没有天文物理学那样重要；而自 1800 年以来，医学史比巫术史更加重要。

新史学的主要任务有二：(1)把过去重要时代的文化整体重新复原；(2)研究现代文化与制度的起源。关于第一个问题，人类文化各方面的重要性应该取决于它对于我们要研究的时代的意义。在试图研究伯里克利时代的文化，我们衡量这个时代一个事件或一个方面的重要性的标准应该是当时的标准，而不是写历史者的时代的标准。正是这个事实使得一位天真的、虔诚的、枯燥的、没有审美观念的、独身的、在堪萨斯州[①]教会大学任教的历史教授在描写亚历山大或奥古斯丁时代的文化时感到极为困难。他必然对当时社会竟有饮酒的聚会和吸引人的妓女，而感觉不满；他必然又对这时代竟没有主日学校[②]、反对吸烟的法律和宪法第十八条修正案[③]等事而感到惊奇。这就是基督教历史家对于非基督教文化大加歪曲的原因。一个建立在教育人民如何活得快乐的哲学基础之上的文化，很难被一个费尽心机来准备如何死得安全与成功的时代来正确地理解与欣赏。

当一个历史家从事于新史学的第二个任务，即探索现代制度与现代文化的特点时，我们必须以它对于现代生活的影响作为衡量某一方面的重要性的标准。对中世纪来说，科学显然不及宗教

① 堪萨斯州(Kansas)是美国中部的一个州，地方闭塞，文化水平较低。故本书作者对此州的历史教师加以讥笑。——译者

② 基督教会用星期日为儿童宣讲教义，名为主日学校。——译者

③ 美国宪法第十八条修正案(1920 年 1 月 26 日)，禁止制造、转运、出卖酒类。此法令在 1933 年 12 月 5 日为第二十一条修正案所取消。——译者

重要；但对现代说来，研究中世纪的科学史就比宗教史更有意义。假使一个人要对希腊文化做一个全面研究，那么星象学家应比天文学家占着更重要的地位。但是他若要探究现代文化的起源，那么，阿里斯塔库斯与希巴尔卡斯的成就就要比整个古代希腊所有星象学家的全部成就更加重要。如果我们要对宗教改革时代的学术思想做出一个忠实的描写，那么我们应着重研究的问题是"通过信仰而得救"等问题，而不是路德、卡尔文及其他领袖的经济思想。但是，从现代文化的来源的角度看来，新教领袖对天主教经济思想与经济实践的批判就比一切神学问题更加重要。从中世纪史家的角度看来，罗杰·培根的性格与活动，主要地是一个中世纪人物；但对一个新史学家说来，培根的现代观点和他偶尔提到的归纳法和试验法就更加重要。

从以上几个例子看来，一个历史事件，一个文化的表现，它的重要性都不是单一的，绝对的；而是二元的，或多元的。每一历史事件的重要性都是相对的：(1)对于它自己的时代的意义；(2)对于现代文化的起源的意义。凡是对于历史问题有正确理解，而且力能胜任的历史家，都是从这两方面来衡量历史事件的重要性。

一般人都认为，一个历史家在一部著作中可以达到两个目的：(1)把一旧文化复原；(2)说明这个文化对现代的影响。但是，我怀疑这种看法是否正确。因为一个历史家从两种不同角度来衡量一个历史事件的结果，他必致偏于一个角度而歪曲历史；有时两目的都没有达到。

十分明显，如果一个人的兴趣是在探溯一个不是自己所属的文明的来源，那么评论他的史料价值的标准，应该是按照这件史料对于他所进行探溯的那个文明的重要性。例如，在探索古希腊文明的起源时，某一特种类型的埃及历史事实的重要性，必须是取决于这件历史事实对古希腊文化的特殊贡献，而不是取决于这件历史事实在埃及文明中的相对地位与意义，或是它对于探索者本人的时代的重要性。

有人或者要埋怨说，这样对历史材料的重要性的测验，是相对的和实用主义的。难道没有绝对的和超范畴的标准吗？显然是没有的，除开这一事实：在最终的分析中，历史资料对于解释我们现代文明的价值，远远超越该资料所具有的任何其他意义。

上面简短的讨论，即关于新史学工作者的眼界和兴趣的无所不包的范围，以及关于历史资料重要性的双重标准，自然而然地引起另外一个问题：即如何从新概念和新态度的角度来组织历史资料。在旧日，情况很简单。人们总是把政治和军事历史的轮廓描绘出来，总是认为，拿它作为架子，来建立超人类的全部史诗，就足够了。新史学的概念对于旧史学这种原始的简单纯朴是起毁灭性的作用的，正如现代的天文物理学、进化生物学和圣经学批判，对于比我们老一辈的人们的简单信仰和安慰人的教条起了毁灭性的作用。我们不但必须承认，政治舞台完全不足以建筑全部的历史大厦；而且还必须承认，任何单独一种的历史事实都不足以充当组织历史材料的基础。历史的因果律不是只用一把钥匙就能打开的。有的时候，某一个或另一个因素可能上升到极端重要的地位，但是，没有任何单一的"原因"或"影响"，能够贯穿全部人类历史。

粗略地和初步地说，历史因果的链索大致如下：历史的两个相对不变的因素是人的天性和地理环境，但是不能说它们是绝对静止的。它们是如此同其他附有条件的影响交织在一起，以致它们的相互作用的性质和广度不断地在发生变化。人的天性对于特定形态的地理刺激的反应，就产生一种特殊的人生观。这个人生观在很大程度上控制科学技术的出现与发展范围。科学技术的状况相当深刻地限制某一时期某一地区的经济生活的性质。经济制度则强有力地限制、有时乃至决定其他的制度和文化因素，即社会、政治、法律、宗教、道德、教育和文学制度等因素。

其实，这是对于历史进程的过于简单化的陈述。因和果是持续不断地相互作用和相互反作用的。几件机械的发明，像印刷术或是传递消息新方法，就可能如此改变人类的生活，以致引起某一时期人们的主导心理的全面转变。又如，某些心理和文化因素，有时也可能有足够的力量阻碍经济利益和物质繁荣的明显发展。历史发展的绺束是错综复杂的，只有学问渊博的历史家，才能解决任何一个时代的历史因果问题，更勿论能够试图提出某种普遍有效的应用定则，对人类历史做全面的解释了。

政治的架子曾经支持着辛勤活动的历史家，但这框架已经坍塌了。一些敏锐地注意到这种情况的人，会企图用这样一种想法来安慰自己说：如果我们不能用政治事件来作为历史工作的架子，至少我们可以依赖民族共同体，以从事于法国文化、意大利文化、西班牙文化等等进化史的著述。但这样做仍然是要使人失望的。因为民族史的概念，整个是同政治拜物教和政治因果的假设不可分割地纠缠在一起的。人们只要从文化及制度进化的角度来观察历史，就能立即明显地看出民族史这样的东西并不存在。朝代改换、党派政治、外交阴谋可能在定义上被说成是严格的民族事务，

尽管在实践上它们很少完全是这样。但是文化和制度的发展现在不是、从来也不是、永远不会是民族的事务。关于汽车、印刷机或显微镜在某一国发展的历史,和法国或德国文化史一样,都是不可想象的。研究文化的一些具有国际渊源和国际条件的各个方面,在某一国家范围之内是怎样特别发展起来和受到欢迎或是特别受到限制和谴责,这对于学者来说,可能是有趣和令人满意的事情。但是,任何民族的文化与制度史都不能不是人为的和琐碎的,只要拿它去和另一种研究比较,即关于制度与文化起源的研究,这种发展进程,是不受任何由朝代野心或经济贪欲所造作出来的界线所局限的。我们可以继续研究文化的民族条件,但绝不能研究文化的民族进化。在新史学面前,民族历史一定要被人遗忘而衰落下去,如同那个被当作是组织与说明历史事实的基础的政治历史要衰落下去一样。民族曾经被人看成是一种政治共同体。后来勒南、赞格威尔①、齐默恩门②等又否认民族的政治基础而把它描绘成一种文化统一体。我们或许应该再迈进一步,指出民族是一种危险的文化幻觉——一种文化的心理病态或文化的神经错乱。对于研究历史写作和历史讲授是如何影响了民族主义、战争与和平等问题的学者来说,上述的意见是具有深远意义的,但我们不能在本章中讨论这些问题。

从前的历史家惯于以政治史为骨干,以民族史为范围。现在这种方法已经陈旧不堪了。被迫放弃这种旧式方法的历史家弄得

① 原文为 Zangwill。——译者

② 原文为 Zimmern。——译者

进退失据，狼狈不堪。但他至少仍可以争辩说，他还能在传统的历史年代中间，即古代史、中古史和近代史中给自己掘出藏身之所。但是，无情的新史学宣传者既然不让他躲避在政治因果论和民族主义的避难所中，更不会让他钻进年代学的防空洞中。人类学家教导我们说，从纯粹的年代学排列的观点看来，旧的年代学是完全不适用的，而且它歪曲历史到了难以置信的程度。就时间的距离和文化成就而论，全部有文字记载的历史，包括在旧式的古代史、中古史、近代史范畴之内，实际上都是极端近代的历史。其实，古代史应该是指原石器时代和旧石器时代的文化阶段；中古史应指新石器时代文化；近代史应该是指从金属时代开始时，至少是公元前三千年起，至 18 世纪中叶发生科学与产业革命止；现代史应该是恰当地描述由于近时科学和工业变革而产生的革新文明。

对于旧的年代学进行文化的与制度的批判的结果，其破坏性要比从人类发展的新的时间透视所进行的批评厉害得多。旧的年代学是建筑在这样的一种概念之上的，即它认为能够把人类进化过程截然划分为明确的几个阶段。这是基于一系列的假设，而这些假设全都是错误的。划分阶段的原始基础几乎纯是年代排列，是从年代上而不是从文化上考虑的。年代的划分的标志尽是在历史上居于次要地位的事件。在他们看来，战役就是战役，一个在公元前 561 年发生的战役，同一个在公元 827 年发生的战役的差异，仅是在于前者发生在公元前 561 年，而后者发生在公元 827 年。当一个文化史学者使用传统的年代学时，他就必须有意识地假定，文明在公元 324 年和公元 326 年之间或在公元 1452 年和公元

1454年之间，是存在着实实在在的鸿沟的。他还必须假定，整个文化的复杂体是一个同一性质的共同体，如希腊伦理学同希腊科学技术一样的古老，近代伦理学同近代科学一样的新近，文化的各个方面是同时地调谐地发展起来的。旧式年代学还根据这样的一个荒谬的假设，即认为文化必须是在全世界同时发生和一律相同的——假定在公元前500年，世界各地都存在着同一种古代异教文化；而在公元1300年，世界各地完全是属于中世纪性质的；在1850年，世界各地都变成基本上是近代的。

这样，人们可以看出，以基本年代的顺序为基础的年代学没有任何重要意义可言。历史的连续性证明时代的明确划分是徒劳无益的。不但如此，在人类学理论和文化史看来，复杂的文化的各个因素有着迥然相异的发展比例，而文化的美学方面，则是不服从任何可以表述的演变或发展规律，这些都是不言而喻的真理。如果"现代"是指社会的富裕和科学的应用，那么，希腊的伦理学就要比萨姆纳[①]或柯立治[②]的伦理学更要现代化。同样地，文艺复兴时期的艺术生活要比今日的更加丰富和广阔得多。非常明显，如果假定一切类型的文化和制度的发展比例都是一律相同的，以此作为年代学的基础，那么，年代学就不可能是科学的了。再则，文化进化率在地球上各个不同区域内是相差很远的。能够想象在"古代文明"标题之下描述公元前一千年的中国、斯堪的纳维亚、南美洲、

① 萨姆纳(John S. Sumner)。——译者

② 柯立治(Calvin Coolidge，1872—1933年)，美国第30任总统(1923—1927年)。——译者

高卢、美索不达米亚和印度的文化，或是在“现代文明”标题之下描述公元1890年的中国、英国、德国、俄国和巴西的文化吗？看来唯一能够具有科学价值的年代学类型，只能是高度专门化的，只能是基于并且描述在一个性质相当统一的文化区域范围内的文化之某些特定方面或某一特定制度的发展。传统的历史学者或者要反驳说，那干脆不用年代学好了。他说得对啊！

那个历史学者在绝望中也许要咆哮说：这是不能容忍的混乱、无政府的复杂状态。我们必须坦率承认，目前情况就是这样的，但这不能归咎于新史学的提倡者。这只能说明，历史学者们正在开始觉醒过来，在正视着今日我们在生活的各个方面所面临的状况。这只能说明，历史观是在朝向现代化转变，在开始认识那些早已为宗教学者、哲学者、社会学者和伦理学者所认识的事物。这只能说明，那象征性的历史鸵鸟，终于从中世纪主义和人文主义的沙堆里抬起头来，对20世纪世界重新观察一遍。我们的鸵鸟所看见的，已不再是简陋的、世世代代无甚变化的生活条件，也不再是毫无批判地信靠原始宇宙学和几条质朴的宗教教条而产生了幻觉的安全感。他所看见的，是大工业时代的动力和急剧变化的机械力的城市文明，是令人不安的大幅度的宇宙学，是关于人怎样解释自己在宇宙中的地位和人在肉体世界和精神世界中的安全感的问题，是对于这些问题的一切有关的假设提出严肃的疑问。这些历史事件和形势的惊人变化正在迫使历史概念、目的与方法发生相应的变化。莫怪那历史鸵鸟的初次感情冲动是再一次把头插进沙堆里去。

换句话说，历史学家所面临的问题，只是如何按照20世纪知

识与方法的要求,去执行他的职业的问题,犹如我们所有的人都面临着应该如何按照真正生活在现今时代的要求,去强使自己实行必要的重新调整的问题一样。在五十年前,一个有文化的美国公民只需相信(基督教)赎罪论、保护关税和共和党,就能感到十分足够和安全。在今日,那同一个美国公民就要面对困惑的疑难和伤脑筋的踌躇,由于那动人的现代天文物理学证明了我们星球的渺小,从而证明了人的自身的渺小;由于关税制度所依为基础的整个社会经济复杂性引起了人们的疑惑;还由于人们越来越认识到,在现今时代的复杂性面前,共和党也罢,民主党也罢,它们都是完全无能为力的,甚至连人类本身在实际政治上也是无能的。已往五十年的变化,对于美国大学里一个活泼敏感的历史教授在方向上和方法上所激起的变化,是同等深刻、同等丰富的。

如果有人认为,仅有少数智慧超群的人才能按照以上所说的担负历史学者的新职责与义务,那么,我们可以回答:现代家庭主妇已不能再行医了,理发匠不能再充当外科大夫了;然而自从人们承认行医人员必须加以限制并强制实施这种限制以后,医学的内科外科,却都发展到前所未有的高度。

在结束这个对于新史学的范围与纲领的讨论之前,我们应研究新史学两项主要任务的相对重要性:(一)重新研究已往各个文明,恢复其原来的面貌;(二)研究现时秩序之所由来。必须承认,后者较前者更为重要。老实说,研究已往文明,除了那些经过研究而组织起来的事实可以帮助我们更好地去说明现代文明的来源以外,便没有其他重要性了。试使伯里克利的时代或者查士丁尼的法庭复活,试一试我们能够这样做到什么地步,当然是很有趣的工作。但是，这种练习，就其本身孤立地来看，只能是牵强附会的历史纵横组字游戏，或者更恰切地说，是历史纵横截面游戏。去考察希腊人怎样生活，是没有什么实际的意义的，除非这项研究能帮助我们了解自己在现时怎样生活或应当怎样生活的。因此，从任何严肃的实用主义的观点来看，已往文化的重新研究，其重要性仅仅是在于它能促使我们更好地去理解今日的文明，其必要性则取决于其能否达到此目的。当然，要是有人感觉到，进行关于古代赫梯民族生活方式的研究和推测，比任何其他娱乐都更要有乐趣的话，那么，全然应该容许他去做这样的消遣。但是，必须教导他去把这种消遣看成是和形而上学的推测、吸烟、高尔夫球、打桥牌等相类同。然而，如果这个人所以研究赫梯文明是为了从它的冶铁工业的起源去发现宾夕法尼亚州匹兹堡城现时繁荣的遥远背景，那么这项研究就具有较高的价值。

由此可见，那些认为新史学的唯一与最终目的在于创造一种包括一切时代一切文明的宏伟历史的人们，他们对于动的和综合的历史的根本宗旨的看法是极不全面的。奥格登教授[①]所计划和主编的《文明史丛书》，大大扩张了贝尔[②]的《人类的进化丛书》。自从希罗多德阐述神怎样拯救了雅典人以后，这是最高深和最有意义的一项历史计划，为其他历史计划所不及。但是，它却没有达到新史学的最终目标。我们需要有更多的、更为宏大的丛书来补充它和利用它，来探索像这样的一些事物的起源，如熔矿炉、印刷

① 奥格登(C. K. Ogden)，当代英国资产阶级历史家。——译者

② 见本书第 210 页注②。

机、私有财产、贞操概念、古典文学在儿童教学法的理论和技术中的地位、保护关税、党派政府、汽车、放射作用、精神分析、民主理论、工厂制度、一夫一妻制家庭、陪审制度、性病预防法、外科麻醉药、国际汇兑、现代改良公路、收割机、禁酒,以及亿万个其他用具、制度和实践,这一切,都是构成我们在 20 世纪 20 年代所叫作“生活”的东西。作者认为,这样的一部丛书便构成有思想性的和实际有用的历史的最终目标,便要比去研究西塞罗在他猛烈攻击加达莱因的前一晚上吃了什么饭的目标高明得多。作者丝毫也不反对人们花工夫去准确而生动地刻画我们祖先的生活。作者只是要强调地指出,那些从事于这样的工作的人们应该明白,他们所进行的并不是极端重要的学术活动,而是高级的消遣和行乐。

我们强调对现代社会起源从它的成长过程进行分析的头等重要性,因为在这里我们接触到历史给予人类的唯一真正的教训。对于一切善于思考的人们来说,十分明显,过去的社会与文化形势是如此不同于 20 世纪,我们从遥远历史时期所吸取的经验对我们是没有什么价值的。然而,如果是把我们自己的文化和制度追溯到遥远历史的肇端,我们就不仅能够更好地理解我们自己的时代,而且还能够破除对于过去的崇拜与轻信之心,这种崇拜与轻信,是社会与知识进步的主要障碍,是对于社会的最危险威胁。

这里顺便指出,如果把历史的工作主要放在追溯现代文化与制度的起源上,许多上述有关一般历史材料的组织、有关历史因果的学说争论和有关历史年代学的复杂争端等问题,就会自行消失,因为,这里的每一项问题,就都会变为某一制度或文化形态的起源与发展的问题,尽管它的历史会同文化的各个有关方面的历史牵连在一起。这样，人们就不必去处理整个文明的阶段问题或者历史因果的一般问题。

也许有人要问，为什么我们没有提及历史学作为社会变迁的一门科学的问题，像泰卡特教授所极力主张和精巧阐明的那样。作者认为，这问题与其说是属于历史的正当范围，莫如说是属于历史社会学，虽然作者并不想去向那些把它纳入新史学范围的人们展开争辩。如果人们愿意把断定社会因果规律与过程看成是历史科学的最终阶段和史学家的基本目标，那么，十分明显，新史学的双重任务，即：（一）重新研究过去的文明，（二）探溯现代文明的起源——就会对研究社会因果关系或研究社会变迁科学的学者们提供参考资料，供他们进行研究与思想。

（四）新史学所需要的训练

新史学要获得成功的话，十分明显，它就必须在这个研究范围内培养越来越多的热心工作者，使他们能够胜任研究与综合工作。如果说，旧历史学由于它的信徒们缺乏足够的训练而遭受了损失，那么，新史学就会更加是如此，因为新史学所要求的预修课程的范围是更要广泛得多的。当然可以这样说，特出的天才没有经过大力培养，也许就能够出色地完成这种工作，但这里我们所关心的不是天才人物。新史学像旧史学一样，必须从专心和热诚的学者中间来招募它的大部分队伍，虽然新兵要取得成就是更加困难的。他们需要通过彻底的技术训练，来得到加强、支持和指导。

一定要坚持新史学在本质上是一种研究文化与制度起源的科

学，而不是一种艺术。当然应当承认，新史学派的出色的史学家将是这样的人：他们既掌握科学的准确性和渊博的学识，又具备特种艺术性的创造能力；只有特种艺术性，才能精巧地使过去的文明复原，并熟练地探溯观念与制度的起源。这是十分明显的道理，正如医学上的伟大诊断家是超出熟练技术科学家的本领的，但要成为一个驰名的诊断家，他非首先具备熟练医学家的本领不可。我们尤其是不能把历史家的本领同文学家和辞藻混淆起来。善于写文章的聪明才子本身并不是历史家，犹如一个能画一幅酷似圣彼得或查理一世的杰出的画像的油画家并不是历史家一样。凡·戴克[①]和卡莱尔一样，不能称为历史家。霍卡瑟[②]和麦考莱一样，才是真正的历史家。

有人争辩说，历史对公众生活与舆论所以没有产生什么影响，其主要原因，在于近来历史写作者缺乏优美的文笔。我认为真正的原因是在于，近时绝大部分历史作品的内容陷于神秘、无生气、文不对题和委靡不振的境地。如果要指出有什么恶劣因素败坏了近时历史著作的名誉的话，那就是以陈腐的观念对待历史著作的性质、范围与目的，学究式的卖弄学问渊博，专门选择冷门题材，扶轮社[③]式的趣味观点；就是利用历史写作当作在学术界里谋求升级和拉拢著名学者的手段，而不以提倡人道主义和促进人类福利

---

① 凡·戴克(Van-Dyck，1599—1641年)，著名画家。——译者

② 霍卡瑟(David George Hogarth，1862—1927年)。英国考古学家。——译者

③ 扶轮社(Rotary Club)，创立于1905年，为资产阶级的国际组织。此处所谓"扶轮社式"趣味主义谓旧式历史家选择题目，只凭个人兴趣，而不管它的重要性。——译者

为目的。即使是桑巴特[①]或凡勃仑[②]，也能够吸引大群热心的读者，只要辛苦钻研他们的晦涩的文章的结果能够令人得到收获。优美的文笔的价值和需要是无可置疑的，但好文章必须是由好的历史家来写；换句话说，我们需要的是好的历史文章，要从这个名词的最好的意义来理解它。

我们特别反对关于历史事件和历史形势的独特性与神秘性的说法。所谓历史的戏剧只不过是关于一种生物化学共同体对于地球刺激的反应的记录。人类的反应比较其他动物的行为或者在试验室里研究的有机组织与无机物质的反应，并没有什么更为神秘或独特的地方。法国革命时制宪会议的辩论，同布隆斯公园里跳跃着的猩猩一样，都纯然是自然环境的产物。历史形势并不比在豚鼠身上进行的特殊生物试验更要独特，尽管前者无疑地是一种复杂得多的事物。必须特别强调指出，历史形势的那些独特的方面，都是根本上无关紧要的事情。历史现象要成为可以理解的东西，必须通过有关的自然科学和社会科学来对它们进行确切的科学分析。

要准备承担历史家的任务，不能仅仅进行古董式的研究，或仅仅掌握大批陈陈相因的历史事实。一个人搜罗和编辑大量的碑文，并不就成为历史家，不管他的工作对于学问和历史有多大的贡献，正如一个人给艺术博物馆搜集古董家具和进行分类工作，并不

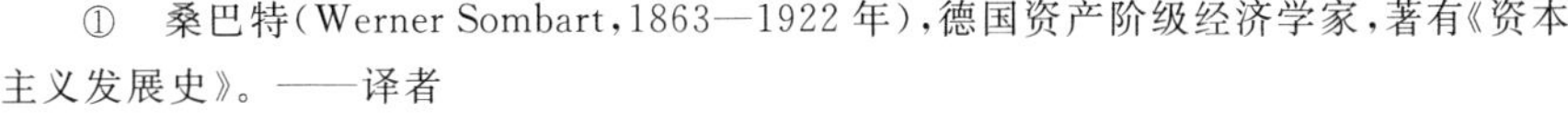

① 桑巴特（Werner Sombart，1863—1922 年），德国资产阶级经济学家，著有《资本主义发展史》。——译者

② 凡勃仑（T. B. Veblen，1857—1929 年），美国资产阶级庸俗政治经济制度学派创始人。著有《有闲阶级论》等书。——译者

就成为历史家一样的道理。一个人不能单靠能背诵普乐特兹所编的《世界历史手册》的最新版，而取得历史家的资格，正如一个人熟习了阿耶历书上关于1870年的葡萄酒酿造期，并不就能在纽约城贝勒维乌医院充当一个聪明的实习医生。

新史学一切培养的基础，仍然是关于档案研究技术的传统训练。初学的历史工作者，仍然需要和从前一样，必须在档案、石刻和碑文的研究原则受到严格的训练。甚至在这方面需要受比从前更加广博的训练。在今天研究古代史，不仅需要熟悉铭文的搜集，而且还需要精通史前考古学和纸草学，这些都是从前库尔提乌斯[①]和蒙森所不闻不问的。研究近代史，又比研究中古文件需要具备更渊博的专门知识。初学的中古史学者，只要精通拉丁文、希腊文和阿拉伯文以及档案批判所需要的辅助科学，再加上一本宗教词汇集注和一本杜·刚兹字典来指导他的中世纪用语，就可以开始工作。研究现代史的学者却面临着多得无限量的先决条件。他需要熟习簿记学和会计学、技术学的原理、法人团体的财政、现代政治学专用术语、运输学原理和无数的其他关于现代文明的著作，如果他要读通那些构成他的专业原料的文件史料的话。一个现代史学者要是不能辨别车床和挥化器的不同、苏维埃和布尔什维克的不同，那他就会走到悲惨的境地，像一个中古史学家把圣母的"清净妊娠"当作是一种卫生箴规那样。

熟习了研究档案的基本技术之后，第二步就要把握真正的历史观点，这要通过紧紧掌握住进化的即成长的观点来获得。历史

① 库尔提乌斯(Georg Curtius，1820—1885年)，德国古文字学家。——译者

学家必须完全以发生、发展的观点作为主导思想，犹如医生从辨证诊断和病症预后着手工作一样。他必须精通有关宇宙、生物、文化与制度的进化过程的基本理论，并且习惯于用进化论的术语和进化的过程来考察人。进化论对于历史家的重要性，犹如力学之于物理学家。换句话说，我们一定要坚持，凡是要当历史学学者的人，一开始就要有历史头脑。

其次，历史学者需要精通人类地理学的基本事实和原理，熟习最新的区域地理家的学说，这些学说是从人类地理学的角度出发的。像费弗尔[①]所著《历史的地理导言》这样一本书，就能说明我们的意思。历史学者尤其要精通自己所希图成为专家的那个地区的自然地理与社会地理。新史学工作者从一开始就必须认清：以往的所谓历史地理，只不过是要熟悉政治疆界和战争地点，其实并不是什么历史地理，尽管这种知识是有用的。他必须习惯于从历史地理条件的三大阶段来思考问题。这三大阶段就是：河、海和洋，如同米兹尼可夫[②]所略述的。他还需要熟悉世界范围的文化交往的伟大意义，像谢伯特教授[③]研究欧洲扩张的历史意义时所生动阐明的。

新史学者又必须透彻熟悉人和他的行为，包括正常与非正常的。他需要先精通人体化学与内分泌学的原理。不熟知人类行为的腺质基础就不能够理解和说明已往的或现时的人的行动。必须

① 费弗尔（Lucien Febvre 1878—1956 年），法国资产阶级历史学家。——译者

② 原文为 Leon Metchnikoff. ——译者

③ 谢伯特（William Robert Shepherd，1881—1956 年），美国资产阶级历史家，长期任哥伦比亚大学教授。——译者

熟悉肾上腺的活动，像熟悉坡特海斯特或伯恩海姆那样。当沙佐诺夫在1914年7月决定进行战争时，肾素所起的作用也许并不亚于泛斯拉夫主义。同样地，要做一个通达事理和合格的历史学者，就需要了解与人类病理学有关的各种主要的比较普通的不正常行为形态。政治家、外交家和最高法院法官通常都是老年人，而人们如果不熟识与动脉硬化症和衰老神经错乱有关的行为样式，就完全无法理解老年人的行为。很明显，人们不熟识梅毒的影响，是不能确切地解释许多的欧洲著名国王、政治家和外交家的行为的。要解说某一人的举止，慢性肾脏炎往往比他的政治活动、教育、宗教或经济投资更能剖明问题。了解与主要的精神病和癫痫病有关的行为样式，也同样是不可缺少的。

人类的行为，如果同其他动物、特别是同猩猩的行为严格分隔开来，就成为不可理解的。因此，必须完全掌握比较心理学的知识。对于任何试图对人类行为进行现实解释的人来说，像耶尔基斯所著《几乎是人》这本书是不可缺少的。这本书是关于猩猩心理学的最好和最可靠的通俗著作。初学的人们，假如他们幸而具有幽默感的话，还应该再补充学习达依的著作《这个猩猩世界》。对于一个明达的历史学者来说，“人类仅是稍微高于猿人”这个真实事实的意义，要比认为“人类仅次于天使”这个可疑的说法的意义重大得多。行为心理学这门十分重视社会条件的科学，对于历史学者是极端重要的，只要他有意从早期生活和社会环境来说明某一个人的性格。此外，还需要增添精神分析心理学，因为这门科学深刻地说明行为的不自觉动机，并且坚持对日常生活和个人历史的深邃进行调查与了解，这是理解任何个人行为内幕根源所必需

的。最后，应当适当掌握社会心理的事实，以便澄清群众心理对于个人的影响和说明集体与个人之间的各式各样的相互反应。

必须学习人类学，不仅是因为它强调人和各种人的制度的进化基础，而且更重要的是为了阐明文化发展的规律与过程。关于历史发展的根本原理，学习像奥格本①的《社会变迁》、威斯勒②的《人和文化》和克罗伯③的《人类学》这样的著作，要比去学习十几本正式的历史方法的书本更有益。人类学比任何其他新的辅助科学都更加真正是历史的门槛，无论从年代学或是方法学的角度来看都是如此。

要真正能够胜任新史学的工作，必须彻底精通作为一切社会科学入门的基础与初阶的社会学，以及各个专门的社会科学，如经济学、政治学、法律学、伦理学等等。历史是关于人在社会环境条件下发展的记录。因而，如果不是具备由社会学和专门社会科学所阐明的关于集体生活的事实和进程的科学知识，就不可能对这种记录做出合理的解释。倘若要进行某项工作，而它是要求具有某种专门社会科学的中等水平以上的知识的，那么，就要彻底地掌握这些专门社会科学。例如，没有在现代经济学的各个主要部门和经济统计学中受过严格训练的人，就休想要从事于经济史的细节工作。如果要从事于科学史或美学史范围内的著作，则除了上述社会科学以外，还必具备自然科学或美术的专门知识。

① 奥格本(W. F. Ogburn，1886—1959)，美国资产阶级社会学家。——译者

② 原文为 Wissler. ——译者

③ 原文为 Kroeber. ——译者

关于新史学预备条件的这样宏大而苛求的一个纲领，有许多人会承认它的重要性，但却要反驳说，一个人要具备这么多的条件，简直是不可能的事情。作者认为，这种反对意见是似是而非的和不确切的。只要人们充分认识新史学预备条件的必要性，达到了他们认识医学和工程学的专门预备条件的程度，那么一切的预备就都会是容易做到的。我们在大学里设有医学预科课程，在修完这些的基础上再进修医学专业课程。到了适当时机，我们也会设置历史预科课程以及历史专业学院和社会科学专业学院，使上述历史教育纲领能全部实现，所需要的时间，不会超过现在各大学和学院的课程在无计划状态和教学互不通气所浪费的时间。以一个历史系学生一般用以获得学士学位和博士学位的七年时间来用于新史学学生所必修的一切课程，便是绰有余裕的。经过这样的预备训练之后，就可以超过一个像密歇根大学校长李德尔所指出那样的老学究，心胸狭窄、比任何活着的人都要熟悉亨利七世的吊裤带，但却不愿知道任何其他事物的专家。

好争辩的人也许会说，在目前新史学的宣扬者中间，就很少乃至无人能做到上述新史学者预备条件的要求。这种说法是正确的。无疑地，鲁滨孙教授第一个就会承认，就我们描述的关于新史学者的预备条件而论，无论在那一方面，他自己只是一个愿意学习的谦逊的练习生而已；但他也许还会答称，假如他能重新再活过一生的话，那他是会进行充分预备的。鲁滨孙教授还能够理直气壮地答称，他以不充分的预备条件所完成的工作质量，本身就是最好的例证，说明将来的学者在经过严格训练的条件下，一定能够获得更加辉煌的成就。

(五)结束语

本章所试图说明的要点如下：

(一)新史学不仅仅是关于历史的范围与目的的新观念，它还要求要做一个历史学者必须进行比旧历史学家远为深奥和复杂的预备工作。

(二)新史学所以新在于它较传统史学具有更广阔的历史观，承认社会科学对于历史学者训练的重要性，运用生物学和进化论者的生长观点来征服历史。

(三)到目前为止，新史学的宣扬者一直进行强烈的宣传教育运动，这个运动，是和兰普莱希特、贝尔、鲁滨孙、泰卡特和马尔温的名字联系着的。他们已经获得了胜利。今后，他们将集中精神，致力于完善新史学的基本概念与纲领，并为未来新史学工作者提供充分培训的机会。

(四)新史学的两项主要任务，是尽力完整地重新研究已往的文明，和探溯现代文化及主要社会制度的各个重要方面的起源。这两项任务，后者的重要性远远超过前者。其主要乃至唯一的历史贡献，在于它能帮助人们更好地理解我们自身的历史时代。有人愿意增添第三项任务，即建立一种社会因果学说或一般地研究社会变化，但这种探讨似应纳入历史社会学的范围，较为妥善。

(五)任何单独一类历史事件，都不足以构成全面组织人类文化进化史的骨架，政治事件尤其是不适用。随着文化史与制度史的出现，不但是以前的按照政治分成段落的历史，而且连传统的民族历史和历史年代学,全都要被人遗忘。

(六)任何单一的原因,都不能决定历史事件的进程。历史学者对历史因果关系必须采取一种试探的和经验的态度,并且要接受多元的观点。

(七)旧历史学对于事物的无知的简单化和教条式的肯定必须摒弃,因为这些都是虚幻和引人误入歧途的东西。今日,活跃的历史学家所面临的问题的复杂性、不肯定性、混乱性和爆炸性,只不过是当今整个时代的象征,是历史学家发现自己生活在20世纪的不可避免的结果。

(八)对未来新史学工作者进行训练时,必须从一开始就消除这样的一种观念:把历史看成是一种文学艺术或者一种玩赏古董的消遣。偶尔涉猎历史资料的文学艺术家并不就是历史学家,正如绘制历史图景的画家不是历史学家一样。历史是关于重新研究过去文明和关于现代文化起源的科学。因此,要以历史为职业的人就需要掌握一切有关研究人类的过去和探溯现时人类发展的各种类型的知识。这就要求对大学本科的课程进行详细的规划,如同对医科和工程学科那样要求的有远见和专门化的预备条件一般。简言之,我们不考虑人的本性和人的行动,就不能再从事于历史著作和历史教学。

图书在版编目(CIP)数据

新史学/(美)詹姆斯·哈威·鲁滨孙著;齐思和等译.
—北京:商务印书馆,2017
(汉译世界学术名著丛书:120 年纪念版:珍藏本)
ISBN 978-7-100-14222-9

Ⅰ.①新… Ⅱ.①詹… ②齐… Ⅲ.①史学—研究 Ⅳ.①K03

中国版本图书馆 CIP 数据核字(2017)第 137938 号

汉译世界学术名著丛书
(120 年纪念版·珍藏本)
新 史 学
〔美〕詹姆斯·哈威·鲁滨孙 著
齐思和 等译

商 务 印 书 馆 出 版
(北京王府井大街 36 号 邮政编码 100710)
商 务 印 书 馆 发 行
北京中科印刷有限公司印刷
ISBN 978-7-100-14222-9

2017 年 12 月第 1 版　　开本 710×1000 1/16
2017 年 12 月北京第 1 次印刷　　印张 15
定价:75.00 元